Bulbul SHARMA

MAINTENANT QUE J'AI CINQUANTE ANS

Nouvelles traduites de l'anglais (Inde)
par Mélanie Basnel

Éditions
Philippe Picquier

DU MÊME AUTEUR
AUX ÉDITIONS PHILIPPE PICQUIER

La Colère des aubergines

Mes sacrées tantes

Mangue amère

Titre original : *Now That I'm Fifty*

Mas de Vert
B.P. 20150
13631 Arles cedex

Conception graphique : Picquier & Protière

Mise en page : Atelier EquiPage – Marseille

ISBN : 978-2-8097-0263-7

SOMMAIRE

MAINTENANT QUE J'AI CINQUANTE ANS

Le jour de mon cinquantième anniversaire, j'ai commencé à voir des choses. Au début, ce n'était rien de plus que des taches, alors j'ai d'abord pensé qu'il me fallait des lunettes. Moi qui avais jusque-là été si fière de pouvoir lire sans lunettes. Mon défunt mari répétait sans cesse qu'il m'en faudrait à quarante ans. Mais à quarante-neuf ans, je voyais toujours aussi bien, et ça l'agaçait profondément. Tous les matins, quand nous lisions le journal, il me proposait ses lunettes que je refusais d'un simple sourire, d'un hochement de tête et d'un petit « non » très poli. Mon pauvre mari, il était tellement gentil. Il est mort depuis, mais s'il était encore parmi nous, il souhaiterait tous les matins que ma vue ait baissé pendant la nuit.

Quelques semaines après mon cinquantième anniversaire, les petites taches sont devenues plus nettes. Je ne les voyais jamais plus d'une seconde ou deux, et seulement du coin de l'œil. D'abord des petites flèches et des petits points noirs, puis des formes plus grandes. Progressivement, d'autres éléments ont fait leur apparition, des choses que je pouvais facilement reconnaître sans avoir à tourner la tête. Des livres qui tombaient des étagères, des souris, des araignées, des pigeons. Des chemises, des chaussettes et des *dupatta* qui virevoltaient dans la pièce et disparaissaient dès que je regardais dans leur direction. J'ai même vu une fois une paire de chaussures à talons rouge vif, le genre de chaussures que portent les filles de mauvaise vie, passer en courant dans le couloir.

Six mois plus tard, alors que je faisais la sieste sur le canapé après un déjeuner sans sel et sans graisses – mon médecin m'avait ordonné de perdre deux kilos, sans quoi il serait obligé de me prescrire un traitement contre l'hypertension –, j'ai vu une femme traverser mon salon à toute allure. Je me suis levée du canapé et j'ai crié :

« Qui êtes-vous ? »

Pas de réponse. La porte était fermée à clé et les domestiques étaient tous dans leurs quartiers, derrière la maison. J'ai crié de nouveau :

« Qui… ? »

Je n'avais pas peur. Pas encore.

Je sais depuis ma plus tendre enfance que des gens, des animaux et des choses invisibles rôdent en permanence autour de moi. Jusque-là je ne les voyais pas, mais je les entendais bruire et soupirer tout près de ma peau. La nuit, il m'arrivait parfois de sentir des mains caresser mon visage. D'après ma mère, j'avais reçu un don, mais mes sœurs me prenaient pour une folle et refusaient de dormir dans la même chambre que moi.

Ce n'est que maintenant, la cinquantaine passée, que je parvenais enfin à voir quelque chose de concret. Les dieux avaient semble-t-il attendu que j'atteigne l'âge voulu pour mériter ce fameux don. Car pour moi, c'en est bien un.

J'ai tourné la tête et je l'ai vue, une femme de chair et de sang – bien que je doute qu'elle ait été faite de ces matières-là. C'était la première fois que je voyais quelqu'un aussi clairement. Elle portait un sari gris, et ses talons étaient tout secs, crevassés. Elle n'avait pourtant pas l'air pauvre. Cette femme n'était plus toute jeune, mais très vive ; elle a disparu de ma vue avant que j'aie eu le temps de l'appeler.

Je me suis rassise pour réfléchir. Si je prenais le risque d'en parler à mes fils, ils allaient me sourire d'un air contraint, s'inquiéter et m'envoyer voir un psychiatre. Non pas que cela me dérange, j'aurais été très intéressée d'entendre ce que ce monsieur avait à dire. Oui, ce monsieur, car j'étais convaincue que mes trois fils – dont deux étaient dentistes, comme leur défunt père – m'emmèneraient forcément voir un médecin homme. Mon petit dernier, avocat, me déclarerait sénile. Il serait même ravi de la nouvelle, ce serait pour lui un véritable cadeau puisque cela lui permettrait d'avoir enfin la mainmise sur mes affaires.

« Je l'ai toujours dit à Pitaji, elle est incapable de se prendre en charge », l'entendais-je déjà jubiler en se frottant les mains, pendant que son épouse aux yeux de lapin terrifié minauderait, transportée de joie.

J'ai donc décidé de ne rien leur dire pour l'instant. Il valait mieux attendre de voir comment les choses allaient évoluer, comme le disait souvent mon cher père. C'était un avocat de renom, mais sa vraie passion était de soigner les gens par la foi et les remèdes naturels. A chaque fois qu'un client venait le voir pour un conseil juridique, il repartait les bras chargés de cristaux, de racines et d'écorces. Vers la fin de sa carrière, il a cessé d'exercer en tant qu'avocat pour se consacrer entièrement à sa passion. Les gens venaient de tout le pays, atteints de maux parfois très étranges. S'il avait été encore en vie, il m'aurait dit quoi faire et se serait réjoui de mon don. J'aurais d'ailleurs été ravie de lui faire plaisir.

J'aime qu'on me dise quoi faire. Mes journées ont toujours été organisées par mon père, puis par mon mari et enfin par mes fils. Je hoche la tête et fais semblant de les écouter. Il leur arrive parfois d'oublier ce qu'ils viennent de me dire, et je peux alors me glisser dans les interstices et faire ce que bon me semble. C'est tellement facile. Mais je me contente la plupart du temps de suivre le chemin tracé pour moi. Réfléchir par moi-même me demande beaucoup trop d'efforts.

D'ailleurs, je suis toujours choquée de l'insolence avec laquelle mes belles-filles traitent mes fils. Elles médisent dans leur dos, font des projets sans même leur en toucher un mot et refusent d'obéir aux ordres. Ma et Baba doivent les regarder de là-haut et avoir les mains qui les démangent de leur donner une bonne correction.

Ma avait une voix très douce, mais pouvait terroriser n'importe qui quand elle le voulait. Il suffisait qu'elle se dresse de toute sa hauteur, regarde la personne droit dans les yeux et s'adresse à elle d'une voix forte. Tout le monde obéissait toujours à Ma, sans poser la moindre question. Même Baba – pourtant respecté et craint par ses collègues de bureau – s'inclinait devant son épouse.

« N'aie pas peur de montrer ta colère, ma fille, me répétait-elle souvent. C'est par la colère que tu pousseras les gens à t'obéir. »

Mais je ne parviens jamais à rester en colère contre qui que ce soit. Je me sens vite seule et j'ai peur qu'on ne m'aime plus.

Je demande souvent à Ma de me conseiller sur ce que je dois faire ou dire, et la plupart du temps elle me répond. Mais j'ai encore quelques difficultés à déchiffrer ses paroles. En tout cas, une chose est sûre, c'est qu'elle vient toujours à ma rescousse lorsque je lui demande de me venger de quelqu'un qui s'est montré grossier ou désagréable avec moi. J'avais une grand-tante qui pouvait donner le mauvais œil. Les anciens de la famille qui l'ont connue racontent qu'il suffisait qu'elle vous fixe pour que tout votre corps se mette à trembler. Vous vous mettiez ensuite à transpirer abondamment, quand vous n'étiez pas pris de terribles démangeaisons. Mais Ma disait que le mauvais œil de la grand-tante se déclenchait souvent à retardement et s'abattait au moment où l'on ne s'y attendait plus, bien après que la grand-tante avait oublié la querelle et s'était réconciliée avec sa victime. Le mauvais œil agissait toujours sans prévenir, alors que la grand-tante et sa victime étaient assises côte à côte, à boire le thé ou écosser des petits pois. La victime était prise de tremblements, son œil gauche se mettait à cligner sans raison. Dans ces cas-là, la grand-tante était tout à fait consciente de ce qui était en train de se produire mais se retrouvait totalement impuissante. Elle avait le pouvoir de donner le mauvais œil, mais pas celui de l'enlever. Malheureusement, il ne touchait que les femmes puisque ma grand-tante ne parlait jamais à aucun homme en dehors de son mari, ses frères et ses fils, et qu'elle n'aurait jamais osé ni souhaité donner le mauvais œil aux hommes de sa famille.

Je ne veux pas dire par là que j'aimerais donner le mauvais œil à mes belles-filles, ah non, ça jamais ! Ce sont des filles correctes, et leurs parents ont accordé des dots énormes. Elles m'offrent des saris et des bonbons à toutes les occasions : Diwali, Holi, mon anniversaire, les anniversaires de mes fils, ceux de mariage, et même une fois pour Noël. Mais cette fois-là, j'ai été obligée de refuser.

Je suis une bonne hindoue, et accepter des cadeaux à Noël serait faire offense à mes défunts parents, qui étaient de bons hindous eux aussi.

Mais j'ai quand même gardé le gâteau. Un cake aux fruits secs, délicieux. Après tout, quel mal y aurait-il eu à l'accepter ? On en mange tout le temps, des gâteaux. Ils n'ont aucune signification religieuse pour nous. C'est comme de manger des tartines ou des biscuits avec le thé du matin. Jésus-Christ vous bénit si vous mangez du gâteau. De toute façon, nos dieux hindous sont très tolérants, ils se moquent de ce que vous faites tant que vous n'oubliez pas de leur adresser des prières tous les jours et de leur offrir des friandises au beurre clarifié.

Cet après-midi, je regardais la télévision. J'aime bien la série qui passe l'après-midi, celle qui parle d'une famille riche et de toutes ses histoires compliquées. Il y a un vrai fond social dans cette série, et puis les femmes portent des saris et des bijoux absolument magnifiques. Dès le générique de début, j'ai revu la femme aux pieds calleux. Cette fois-ci, elle est passée très lentement par la porte. Elle avait l'air fatiguée, incapable de marcher plus vite. Mais je n'ai pas vu son visage, j'ai seulement entraperçu son *sari palla*. Il était rouge, avec des perles dorées, il ressemblait beaucoup à celui que je portais pour mon mariage. Ce jour-là, tous les gens m'ont dit que c'était le plus beau sari qu'ils aient jamais vu.

Je ne sors plus beaucoup depuis que mon mari est mort, même si mes amies de mon âge partent souvent en voyage à l'étranger pour les vacances ou pour rendre visite à leurs enfants. Heureusement pour moi, mes fils vivent chez nous. Enfin, je devrais dire chez moi, puisque mon défunt mari, un homme d'une grande sagesse, m'a laissé la maison. Il m'a d'ailleurs tout laissé : les maisons, les boutiques, la ferme et le bungalow en bord de mer.

J'ai déjà rédigé mon testament, mais je n'en ai rien dit à mes fils. Je préfère les laisser essayer de deviner qui aura quoi. Ils devront attendre que je sois morte pour savoir. Ma a fait faire mon horoscope par mon oncle, un fonctionnaire retraité devenu *sadhu*, et d'après lui, je vais vivre jusqu'à soixante-quatre ans. Il me reste encore quatorze ans. Je suis en bonne santé, malgré quelques problèmes de genoux et le fait que je ne puisse plus manger de chou-fleur le soir parce que ça me donne des gaz.

J'aimerais bien que cette femme se décide, qu'elle reste ou s'en aille, mais qu'elle cesse ce jeu de cache-cache. Ça me fatigue. Pourquoi ne tient-elle pas en place cinq minutes, que je puisse au moins voir son visage ? J'étais bien plus heureuse avant qu'elle n'arrive, quand je ne voyais encore que des objets volants, des théières et des chaussures. Parce qu'on n'a jamais envie qu'une théière ou une chaussure s'asseye à côté de nous sur le canapé pour discuter.

Hier soir, j'ai été un peu trop gourmande et j'ai mangé du chou-fleur. J'ai été obligée de me lever dans la nuit pour prendre un cachet contre les flatulences, et c'est là que j'ai vu le serpent, roulé en boule juste à côté de la porte. Je suis restée à le fixer pendant plusieurs minutes. Je n'ai jamais eu peur des serpents. Les lézards me terrifient, mais pas les serpents. Celui-là était très fin, noir avec des petites taches jaunes, et il a levé la tête pour me regarder. Nous sommes restés à nous dévisager un bon moment, puis il a glissé jusqu'à la fenêtre et s'en est allé. J'ai pris mon cachet et suis retournée me coucher. Toutes ces allées et venues m'avaient épuisée. J'ai fermé les yeux et c'est à cet instant que Ma m'a parlé, d'une voix forte et claire, enfin :

« Ma fille, ai-je entendu au-dessus de mon épaule gauche. Ma fille, tu dois apprendre à te tenir droite. Sinon tu vas finir bossue. Tu as cinquante ans maintenant, il est temps de prendre soin de toi. Tu arrives à l'âge où le corps se dégrade.

— Ma… » ai-je répondu en tournant la tête.

Elle était là, allongée sur mon lit, en train de manger une pomme. Elle avait toujours été très fière de la solidité de ses dents. « Moi j'ai toutes les miennes », lançait-elle pour narguer Baba à chaque fois qu'il retirait son dentier.

« Ma… comment vas-tu ? Comment va Baba ? lui ai-je demandé en essayant de me tourner complètement vers elle, mais mon corps refusait de bouger.

— Je vais bien, ma fille, mais toi, tu as une mine affreuse. Qu'as-tu fait à tes cheveux ? Je t'ai toujours dit de les garder longs et de les attacher proprement. Tu as le visage trop rond et trop large pour avoir les cheveux courts. Tu ressembles à un petit écolier grassouillet », m'a-t-elle dit avant de croquer dans sa pomme.

Moi qui croyais que les fantômes ne mangeaient pas, qu'ils passaient à travers les murs et les objets… mais Ma était bien là, plus réelle encore que lorsqu'elle était en vie. Sa peau était toujours aussi rayonnante, ses cheveux aussi noirs et rassemblés en un chignon bien serré, et elle avait même une guirlande de fleurs de jasmin fraîches autour du cou. Apparemment, les choses ne changeaient pas beaucoup après la mort. Ça rendait même la peau encore plus belle.

« Ma fille, je suis venue te dire que Baba et moi sommes très mécontents de la façon dont se comportent les domestiques. Tu n'es pas assez ferme avec eux. Je les avais bien formés, et tu es en train de tout gâcher », m'a-t-elle accusée, le regard austère.

Je me suis mise à trembler. C'était plus facile d'affronter le serpent que Ma.

« J'essaie, Ma, mais ils ne m'écoutent pas. Ils sont tellement grossiers parfois », me suis-je défendue, les yeux baissés.

J'avais beau être allongée sur mon lit, j'avais l'impression de me retrouver debout devant elle, en jupe d'écolière et chaussures sales.

« Il ne suffit pas d'essayer. Montre-toi digne, que diable ! Regarde-toi, tu passes tes journées à traîner en robe de chambre, avec cette coupe de cheveux ridicule. »

J'aurais aimé parler à Ma de la femme aux talons tout secs que j'avais vue l'autre jour, mais le fantôme de ma mère avait déjà disparu, comme celui de la femme. Tout le monde est beaucoup trop pressé de nos jours, les fantômes autant que les personnes réelles. A chaque fois que j'appelle mes fils, je tombe sur cette voix enregistrée qui me demande de laisser un message après le bip. Quel genre de message peut-on bien laisser sur ces machines ? C'est comme parler à quelqu'un qui n'a pas de corps. C'est comme parler à Ma. Mais Ma a au moins la gentillesse de se montrer en personne, en être humain qui mange des pommes, qui tousse et rote.

Aujourd'hui, j'ai décidé d'inviter les garçons à dîner et de leur parler de la femme en sari. Je vais demander au cuisinier de préparer du ragoût de mouton, du *paneer* et du *sahi bhalla*. Nous aurons aussi du *gajar ka halva* et du gâteau au chocolat noir pour le dessert. La vendeuse de la pâtisserie m'a dit que c'était un gâteau sans œufs. Les garçons adorent ce menu, contrairement à leurs épouses qui sont constamment au régime, ces espèces de tas d'os. Je verrai bien ce qu'ils en pensent. Chacun de mes fils va donner son avis, pendant que leurs femmes resteront assises, à fixer leurs assiettes vides. Peut-être qu'elles comptent les pièces d'argenterie, les assiettes et les saladiers pendant les repas, pour calculer quelle sera leur part après ma mort.

Je me contenterai d'écouter. On ne me demande jamais mon avis sur quoi que ce soit. J'irai peut-être voir un médecin. Ça pourrait être drôle de discuter avec quelqu'un qui n'attend pas avec impatience le jour de ma mort. Je lui raconterai les objets volants, les chaussures, la femme. Mais je ne lui parlerai pas de ma conversation avec Ma. C'est sacré. Je dois garder ça dans ma tête jusqu'à mon dernier souffle. Il me reste quand même encore quatorze ans à tenir.

LA VIE APRÈS LA MORT

Je suis morte à l'âge de cinquante ans. Je ne suis pas vraiment sûre d'avoir atteint les cinquante ans, mais quand ils m'ont emmenée au bûcher funéraire, j'ai entendu des gens s'exclamer qu'au moins j'avais vécu la moitié de ma vie. Dans notre village, la plupart des femmes vivent jusqu'à cent ans, surtout les veuves, et les deuxièmes épouses atteignent parfois les cent dix ans. Les premières épouses dont le mari est encore en vie meurent généralement plus tôt, comme moi.

Aucune de nous ne sait compter, alors nous essayons de deviner nos âges en fonction des grands événements qui se sont produits au moment de notre naissance. Nous savons lesquelles d'entre nous sont nées le jour de la mort de cette grande reine, Victoria, celle qui a régné sur notre peuple pendant cent ans, parce que ces femmes-là marchent toujours la tête haute, alors qu'elles sont souvent petites et grosses. Celles qui sont nées pendant la grande famine n'arrêtent pas de manger, peu importe la quantité de riz que vous leur donnez, leurs estomacs continuent à gargouiller comme un lavabo qui se vide. Quant à celles qui sont nées pendant le grand tremblement de terre – celui qui a secoué toute la chaîne de montagnes, englouti de nombreux villages, déraciné le vieux cèdre comme une dent pourrie et fait s'écrouler tout un pan de la montagne –, elles ont une démarche d'ivrogne et gardent leurs bras au-dessus de leur tête en permanence, au cas où le ciel leur tomberait dessus.

En ce qui me concerne, je suis née l'année du grand incendie de forêt, quand les versants de la montagne ont brûlé pendant des jours entiers et que tous les animaux sauvages, les chacals, les ours, les renards et les panthères, ont traversé le village la fourrure en flammes. Les oiseaux avaient déjà fui la cime des arbres pour venir s'agglutiner sur les toits des maisons. Les volatiles à moitié rôtis ont grignoté toutes les réserves de maïs et répandu des plumes brûlées partout dans le village. Quant aux serpents, ils n'ont pas réussi à ramper assez vite et ont tous été réduits en cendres. Ma mère m'a dit qu'on sentait encore l'odeur de venin brûlé des mois après l'incendie, comme s'ils essayaient de nous empoisonner même après leur mort.

Ma mère m'a donné naissance la nuit où un renard s'était réfugié dans notre grange pour échapper à un chacal. Mais le chacal l'a suivi et lui a sauté dessus. Il lui a arraché des bouts de queue. Les vaches, surprises par cet événement inattendu dans leurs vies si paisibles, ont fait un tel vacarme en grognant et mugissant qu'elles ont couvert les cris de délivrance de ma mère.

Ma pauvre mère s'est toujours sentie dépossédée dans cette affaire, parce que personne ne s'est occupé d'elle ni ne l'a aidée pendant qu'elle hurlait et me poussait hors de son corps. Elle n'a jamais cessé de s'en plaindre auprès de moi : « Tout le monde était dehors, à lancer des paris : le chacal allait-il réussir à attraper le renard, ou se faire berner par cet animal réputé pour sa ruse ?

Tu sais, d'habitude le chacal et le renard ne se battent pas entre eux. Ce sont tous deux des charognards, alors ils sont rarement loin l'un de l'autre, au cas où l'un tomberait sur un cadavre. Mais le feu de forêt les a rendus fous, et ils se sont battus comme chien et chat dans notre étable.

Personne ne se rappelle qui l'a remporté. Seules les vaches doivent s'en souvenir. »

Cinquante ans.

Les dieux m'ont offert de belles années. J'ai bien eu quelques soucis ; les chèvres du voisin qui venaient tout le temps se perdre dans mes champs et broutaient mes pousses de blé tendre, ou mes maux de dents, par exemple. Mais en dehors de ça, je n'ai pas à me plaindre, ma santé était plutôt bonne. J'ai donné naissance à trois beaux fils et j'étais de nouveau sur pied à travailler dans les champs quarante jours après mes accouchements. J'aurais très bien pu me lever au bout de deux jours, mais on ne m'a pas laissée faire.

« Tu n'as pas le droit d'entrer dans la cuisine tant que les quarante jours ne se sont pas écoulés », m'a sermonnée ma belle-mère.

Je n'allais pas m'y opposer. C'est bien le seul moment dans sa vie où une femme peut se reposer.

Dans ma jeunesse, j'étais déjà aussi forte que mes frères et je pouvais porter sur mon dos des ballots de paille plus lourds que les leurs. J'étais aussi particulièrement grande pour une fille, au grand dam de mon père et de mes frères. Ils m'obligeaient à baisser la tête et à me rapetisser quand j'étais dans la même pièce qu'eux. J'avais très souvent mal au cou, et le seul moyen de soulager mon corps endolori était de m'étirer dans l'embrasure de la porte lors de mes brefs instants de solitude.

Je ne sais pas du tout comment j'ai pu mourir de manière aussi subite. Une minute plus tôt je coupais de l'herbe sur le versant le plus abrupt de la montagne – vous savez, là où les gardiens de chèvres se construisent des refuges en paille et en branches de pin, pour l'été – et la minute suivante je survolais mon pauvre corps sans vie. Ce jour-là, comme il faisait doux et sec et que j'étais supposée passer la journée à récolter de l'herbe, j'avais mis une vieille tunique et un pantalon élimé. Si j'avais su que j'allais m'écrouler d'un seul coup, sans prévenir, comme une poule malade, je me serais mieux habillée. Je n'aurais pas mis mon plus bel ensemble, non, je ne veux pas qu'on le brûle, mais l'autre, celui que mon mari m'a rapporté de la foire de Renuka l'année dernière.

Mais les dieux ne vous annoncent jamais à l'avance la date de votre mort. S'ils le faisaient, nous pourrions un peu mieux prévoir nos vies, enfiler de beaux vêtements pour le jour fatidique et nous préparer à accueillir la mort comme il se doit.

« Où vas-tu comme ça, tout apprêtée, avec tes plus belles chaussures, ta nouvelle montre et ton *dupatta* tout neuf ? » nous demanderaient les gens, et nous pourrions alors leur répondre : « Je vais mourir aujourd'hui. »

Nous pourrions aussi régler nos comptes avec tous ceux qui se sont montrés méchants envers nous, parce qu'ils ne pourraient plus rien nous faire après notre mort. Il serait trop tard pour qu'ils se vengent et ils ne pourraient pas non plus dire du mal de nous puisqu'on ne doit pas dénigrer les défunts. Nous pourrions emprunter de l'argent, dire des gros mots, manger de ces aliments interdits que l'on rêve de goûter, et avoir plein de mauvaises pensées, de ces pensées que l'on se retient d'avoir de peur d'être foudroyé sur place.

Si j'avais su que je n'avais que cinquante ans à vivre, j'aurais fait tellement plus de choses. Je serais allée au cinéma, en ville, j'aurais mangé de la crème glacée et je me serais montrée plus gentille avec mon pauvre mari malgré toute la peine qu'il m'a causée. De tout ce que les dieux m'ont offert dans ma vie, mon mari est bien le seul être qui ne m'ait jamais rendue heureuse. D'après ma mère, c'était entièrement de ma faute, j'étais responsable de toute cette tristesse et de toutes ces larmes. Je sais pourtant que ce chagrin-là n'était pas le même que celui qui s'empare de vous et vous dévore complètement lorsque vous perdez un être cher. Cette tristesse-là était aussi légère que l'air, mais elle ne me quittait jamais. C'était une sorte de douleur lancinante. Ma mère me répétait que tout ça n'était que le fruit de mon imagination, comme ces formes que l'on devine dans les nuages, ce visage que l'on croit voir sur la lune.

« Ton mari est un saint. Tu devrais lui laver les pieds et boire l'eau de son bain de pieds tous les matins. Tu as beaucoup de chance d'avoir trouvé un homme aussi bon, toi qui es si grande. »

J'aurais largement préféré boire une grande tasse de thé bien fort et bien sucré plutôt que l'eau du bain de pieds de mon mari, qui doit sûrement avoir un goût infect. Il a beau se laver une fois par semaine et changer de vêtements tous les dix jours, ses pieds ont toujours l'air d'avoir traîné dans une flaque de boue. C'est surprenant, parce que mon mari est quelqu'un de très tatillon, il se lave les mains tout le temps, même quand il n'a rien touché. D'ailleurs, il gaspillait toute l'eau que je m'échinais à rapporter du puits tous les matins.

On nous a mariés quand j'étais toute petite, mais je ne suis pas allée vivre avec lui avant d'avoir treize ou quatorze ans. Je m'en souviens parce que j'avais commencé à perdre du sang cet été-là, et ma mère m'avait formellement interdit de m'approcher des légumes en saumure. Mais je suis quand même allée en manger la nuit, en cachette, pendant que tout le monde dormait, et il n'est rien arrivé, ni à moi ni aux légumes.

La famille de mon mari est d'ailleurs venue me chercher le lendemain de mon larcin. J'étais ravie de partir avec eux.

« Fille sans gêne, comment peux-tu sourire dans un moment pareil ? Essaie au moins d'avoir l'air triste. Tu quittes la maison de ton père pour toujours », a maugréé ma grand-mère en me pinçant le bras dans l'espoir de m'arracher quelques larmes.

Comme je ne pleurais toujours pas, elle a rabattu mon *dupatta* sur ma tête et en a profité pour me tirer les oreilles.

« Ça t'apprendra, vilaine fille. »

J'ai dissimulé mon sourire derrière mon voile rouge. J'étais très heureuse de me marier, de recevoir un coffre plein de nouveaux vêtements et des joncs en or.

Le village de mon mari était juste au-dessus du nôtre. On le voyait très bien depuis notre cour, les jours où la brume ne recouvrait pas les montagnes, mais il fallait marcher pendant deux longues heures pour s'y rendre. Ce matin-là, engoncée dans mes vêtements neufs, plus raides et plus lourds que mon *salwar kameez* habituel, je marchais plus lentement. Au-dessus de nos têtes, le ciel était dégagé, d'un bleu étincelant, mais tout autour de nous, la forêt semblait s'épaissir et s'assombrir à mesure que nous gravissions le versant de la montagne, abandonnant derrière nous la maison de mon père. Je n'ai pas regardé une seule fois en arrière, mais je sentais les yeux des membres de ma famille posés sur moi ; ils craignaient que je ne fasse une bêtise et les couvre de honte.

Les ronces du bord du chemin étaient chargées de baies mûres et sucrées, mais je savais qu'il m'était totalement interdit de courir pour aller les cueillir. J'étais une jeune mariée, et les jeunes mariées n'ont pas le droit de courir. Du moins, pas pendant le premier mois de mariage. Après ça, il faut retirer son *dupatta* rouge, enfiler de nouveau ses vieux vêtements et poursuivre le bétail sur toute la montagne.

Le chemin était long et couvert de petits cailloux qui roulaient sous nos pieds et nous faisaient trébucher. Une volée de corbeaux sautillaient à nos côtés et mon beau-père a tenté de les faire fuir en leur hurlant des insanités. Les corbeaux ont répondu par de grands cris, comme ils le font toujours.

Mon mari, les yeux soulignés de khôl et injectés de sang, avait l'air épuisé. Il ne cessait de geindre parce que ses nouvelles chaussures lui faisaient mal aux talons.

« Tu n'as qu'à les enlever et les mettre sur ta tête, espèce de crétin pourri gâté », l'a tancé son père.

J'ai failli éclater de rire, mais je me suis retenue. Je crois pourtant que mon mari, si jeune à l'époque qu'il n'avait même pas l'ombre d'un duvet au-dessus de la lèvre, s'en est aperçu. Il m'a lancé un regard glacial. Je ne savais pas encore, à cet instant, qu'il me faudrait vivre avec ce regard jusqu'à la fin de mes jours. Le sentier s'est fait de plus en plus étroit. Je devais faire attention à ne pas tomber, en jetant des regards furtifs par-dessous le voile qui me recouvrait le visage. Mon mari a gémi pendant tout le trajet et son père l'a traité de tous les noms, « petite morveuse, fillette, imbécile, nigaud, fifille à sa maman ». Les corbeaux n'ont pas arrêté de croasser au-dessus de nos têtes, et c'est sous ces mauvais auspices que ma belle-famille et moi sommes arrivés dans le village où je devais passer le reste de ma vie.

Aujourd'hui, en bus, il ne faut plus que quinze minutes pour atteindre notre village, et mon mari se rend régulièrement en ville. Mais à l'époque, il n'y avait pas de bus. Il m'a d'ailleurs fallu attendre de longues années avant de le prendre pour la première fois. Quand mon premier fils est né, la sage-femme n'a pas réussi à le faire sortir.

« Si vous ne l'emmenez pas tout de suite à l'hôpital, elle mourra », a-t-elle crié en levant le poing en direction des hommes, dans l'espoir de les arracher à leur partie de cartes.

Mon mari et ses frères m'ont flanquée sur une paillasse et m'ont portée jusqu'en bas de la montagne, là où passe la route principale. Quand le bus est arrivé, ils m'ont jetée sur le siège de devant comme un tas de vieux vêtements. J'ai hurlé de douleur pendant les longues minutes qu'ils ont passées à marchander le tarif avec le chauffeur de bus.

« Elle ne devrait même pas avoir à payer, elle va à l'hôpital, espèce de vieux hibou borgne ! »

Finalement, le chauffeur a accepté de me faire voyager gratuitement après qu'un des frères de mon mari a menacé de lui casser la mâchoire et de crever les pneus du bus. Nous avons tous voyagé gratuitement. Mes contractions et les douleurs de l'enfantement ont été atténuées par les ballottements du bus, et mon mari a continué à jouer aux cartes derrière moi.

J'ai toujours appelé mon aîné Paploo, même si son vrai prénom est Joginder. Les deux autres sont nés à la maison, sans encombres, et je les ai prénommés Ramesh et Jitender, mais tout le monde les appelait Ramu et Chottu. Leur père ne faisait pas de distinction, il les interpellait tous d'un simple « hé ». Je crois qu'il ne s'est jamais souvenu de leurs prénoms.

Mon mari n'est pas un mauvais homme ; mais il ne m'a jamais rendue heureuse. C'est à cause de ce regard froid et lugubre qu'il m'a lancé quand nous n'étions encore que des enfants. Il ne m'a jamais regardée différemment. J'ai l'impression qu'il n'a jamais pu me pardonner de m'être moquée de lui. J'ai toujours été une bonne épouse, tout le monde vous le dira, mais de toute ma vie, mon mari ne m'a pas accordé le moindre sourire. Quand j'étais jeune, cela me rendait tellement malheureuse que je pleurais presque toutes les nuits avant de m'endormir. Maintenant, lorsque je regarde le village de là où je suis, je vois mon mari jouer aux cartes, assis sous un rayon de soleil. Il est encore bien en vie, malgré une santé fragile et des quintes de toux incessantes.

A présent, c'est sa deuxième épouse qu'il rend malheureuse. Il ne la bat pas, ne boit pas, rien de tout ça, mais il ne fait pas attention à elle. Vous pouvez crier, mettre trop de piment dans son dîner, lui donner une tunique encore humide à enfiler, il ne fera jamais la moindre remarque, ne vous lancera jamais un regard de vraie colère, de gentillesse ou de gratitude. Il se contentera de vous fixer de ses yeux froids ou de regarder par-dessus votre épaule comme s'il attendait l'arrivée de quelqu'un.

J'avais le sentiment d'être mariée à un jouet en bois. Il se montrait indifférent envers les enfants. Il leur achetait des petits cadeaux quand il se rendait à Simla ou à une foire dans un village voisin, mais il ne jouait jamais avec eux, ne les grondait jamais ni ne les battait, comme les autres pères du village.

Il me donnait suffisamment d'argent pour acheter du riz, du beurre clarifié et des lentilles, et m'offrait des vêtements neufs à chaque Diwali. Je faisais de mon mieux pour me contenter de tout ça. Tous les matins, pendant que mon thé infusait, je me répétais : « C'est un bon mari. Il ne te bat pas, ne boit pas, n'a pas de maîtresse dans un autre village. Il ne fait que jouer aux cartes jour et nuit, ça n'a rien de condamnable. Qu'est-ce que ça peut bien faire qu'il ne sourie pas ? Tu peux très bien vivre sans un sourire ou un regard gentil. » C'étaient les paroles de ma mère, et j'essayais chaque jour de me convaincre qu'elle avait raison.

« Un mari souriant ? Qui a jamais entendu parler d'une chose pareille ? » s'est-elle exclamée quand elle est venue chez moi un jour, pour m'apporter du beurre clarifié fraîchement baratté.

J'étais assise sur le rebord de la fenêtre, le visage enfoui dans mes bras croisés, et j'avais laissé le riz déborder de la casserole.

« Réveille-toi, ma fille ! Débarrasse-toi donc de toutes ces idées farfelues. Je ne sais pas d'où tu les tiens. Pas de moi en tout cas, ça, j'en suis sûre. Ton père était un bon mari, il ne me battait jamais, sauf quand je ne salais pas assez les plats. C'est la seule chose qui le mettait en colère. Il ne s'énervait presque jamais, mais grands dieux, si je ne salais pas assez… Un jour, d'humeur audacieuse, je lui ai gentiment suggéré de rajouter du sel lui-même, s'il trouvait que ça en manquait, et il m'a giflée avec une telle force que je me suis retrouvée à l'autre bout de la pièce. Il m'a jeté le *thali* à la figure, mais j'ai réussi à l'esquiver. Ton père était un homme bon, respecté par tout le village. Tu devrais être contente du mari que nous t'avons choisi, ma fille. Une fille aussi grande que toi, plus grande que tous les hommes. »

J'épiais souvent les autres femmes du village, elles avaient toutes l'air satisfaites de leur sort. J'étais donc la seule à en vouloir plus ? Qu'est-ce qui n'allait pas chez moi ? Non seulement j'étais plus grande que toutes les autres femmes que j'avais croisées dans ma vie, mais mon cœur aussi était différent. D'après ma grand-mère, c'était à cause de tout ce venin brûlé qui infestait l'air le jour où je suis née, mais d'après ma mère, c'était à cause du cinéma. Lorsque je n'étais encore qu'une fillette, j'ai accompagné mes frères à l'autre bout du village, où un homme avait apporté une machine bizarre dans une énorme boîte noire et l'avait installée à côté du temple. Au moment où la nuit est tombée, de la musique s'est échappée de la boîte et tout le monde s'est précipité pour voir ce qui se passait. Les anciens ont crié aux démons et sont restés à bonne distance, mais nous, les enfants – rien que des garçons à part moi –, nous sommes agglutinés autour de la boîte comme des abeilles, curieux de voir ce que l'homme allait faire ensuite. Il a déroulé un grand drap blanc et l'a accroché sur le mur. Avant de comprendre ce qui était en train de se passer, nous avons vu des silhouettes se mettre à danser sur le drap. Les femmes portaient des saris, comme les dames de la ville, et les hommes avaient les cheveux aussi ondulés et brillants que ceux des petites filles. Ils dansaient, chantaient, se juraient de s'aimer, le sourire aux lèvres en toutes circonstances, même quand le père de l'héroïne a menacé de l'enfermer dans une cellule. J'ai trouvé ça magique et j'aurais voulu le revoir encore et encore. Lorsque je suis rentrée à la maison, ma mère m'a flanqué une raclée et ne m'a donné que du pain sec pendant deux jours, tout ça parce que j'étais allée au cinéma. J'étais la seule fille du village à avoir osé y aller, et tout le monde a fait en sorte que je m'en souvienne jusqu'à la fin de mes jours.

Je n'ai jamais souhaité que mon mari ait les cheveux brillants et ondulés, qu'il chante ou qu'il danse. Je voulais seulement qu'il me regarde et me sourie. Ce souhait, malgré sa simplicité, était si violent que j'en avais mal au cœur. Mais les années se sont écoulées, ma longue tresse noire est devenue grise, même si au fond de moi j'étais toujours une jeune fille. Mon cœur a vieilli lui aussi, sans pour autant se calmer. Il me faisait doucement souffrir, tout comme mes genoux, mes pieds et mon dos.

Je suis vieille maintenant, me suis-je dit un beau matin. J'ai de bons fils, des belles-filles dociles, des petits-enfants en bonne santé. Le soir, avant de me coucher, je me répétais ces paroles. Mais quand je voyais mon mari couché à mes côtés, le dos tourné, indifférent, et que j'entendais retentir ses ronflements exaspérants, il m'arrivait encore bien souvent d'éclater en sanglots. Il ne m'a jamais entendue pleurer, cela va de soi.

Si seulement il avait bien voulu me sourire, juste une fois, je n'en demandais pas plus. Un petit geste de rien du tout, pour me montrer qu'il avait remarqué que je vivais avec lui dans cette maison, que j'étais son épouse, la mère de ses enfants. C'était donc trop demander ?

Je regarde maintenant la maison depuis les cieux, et je me souviens combien j'ai essayé de le contenter, du mieux que j'ai pu, pendant toutes mes jeunes années. Je cuisinais ses plats préférés, je faisais en sorte que ses vêtements soient propres et reprisés toutes les semaines. Je nettoyais ses chaussons avec de l'huile pour qu'ils ne moisissent pas. Je m'occupais de la maison. Je surveillais même le bétail puisqu'il refusait de s'approcher de l'étable. Il était pris d'éternuements chaque fois qu'il croisait une vache.

« Mon fils est très sensible, il n'est pas taillé pour les travaux physiques. Il aurait dû travailler comme fonctionnaire, derrière un bureau. Si seulement son défunt père avait eu le bon sens de l'envoyer à l'école ! » ne cessait de se lamenter ma belle-mère.

Je me demande si je vais la croiser, maintenant que je suis morte moi aussi. J'espère que non. Elle serait capable de m'en vouloir d'être morte avant mon mari et de l'avoir obligé à dépenser tout cet argent pour se remarier. Mais je pense qu'elle m'en voudrait surtout d'avoir échappé au veuvage, contrairement à elle. Je n'ai pas été obligée de ne porter que du blanc, de vivre dans l'arrière-cuisine et de ne manger qu'une fois par jour. Je n'ai pas eu à me cacher quand une jeune mariée arrivait au village, on ne m'a pas non plus interdit de toucher aux plats préparés pour les femmes enceintes. J'ai porté un *dupatta* rose et des bracelets en verre rouge jusqu'au jour de ma mort.

Progressivement, j'ai appris à maîtriser mon cœur. La vie recèle quantité de belles choses, j'ai donc décidé de me concentrer sur ces petits bonheurs et de m'en contenter. Une bonne récolte, une vache qui met au monde un veau en bonne santé, la pluie qui tombe à temps pour préparer la terre avant les prochains semis, ou un hiver clément au cours duquel aucun enfant ne meurt.

Finalement, un beau matin, je me suis réveillée et j'ai découvert que j'avais oublié ma peine. J'ai vu mon mari assis dans la cour à siroter son thé, comme tous les matins, le regard perdu, et je me suis demandé pourquoi j'avais tant pleuré dans l'attente d'un sourire ou d'un mot gentil de sa part. Pourquoi je m'étais infligé autant de souffrances pendant toutes ces années. J'ai continué à préparer ses repas, laver ses vêtements, repriser son manteau et ses calottes, mais je n'y mettais plus autant de cœur et d'âme qu'auparavant. Moi aussi, désormais, je le regardais sans le voir. Il a continué à jouer aux cartes derrière l'étable, et j'ai continué à vivre ma vie, sans le remarquer. Il aurait pu être une ombre sur le mur. J'avais moi aussi atteint ce contentement et cette sérénité que ressentaient les autres femmes. Et puis un jour je me suis écroulée, morte.

Si vous voyiez mon mari aujourd'hui, vous ne le reconnaîtriez pas. Il a terriblement maigri, ses cheveux sont tout gris et sa toux s'est aggravée. En revanche, il a toujours ce regard froid et distant. Mais ce qui m'a vraiment surprise, c'est qu'il refuse de jouer aux cartes et passe ses journées à pleurer. On dirait bien qu'il pleure ma mort. J'ai du mal à y croire et je passe la plupart de mon temps à l'observer pour essayer de comprendre. Qui est donc cet homme avec lequel j'ai passé ma vie ? Il ne m'a jamais adressé un seul sourire, et voilà qu'il passe ses journées à sangloter comme une fillette. Apparemment, il a le cœur aussi brisé que l'était le mien. Il me rappelle ce jeune garçon qui n'a pas cessé de geindre sur ce sentier montagneux parce que ses chaussures lui faisaient mal aux pieds, sauf que maintenant c'est pour moi qu'il pleure.

Nos fils sont partis travailler en ville et il fallait bien quelqu'un pour s'occuper des terres et de la maison, alors ses frères l'ont forcé à se remarier. Cette nouvelle épouse, beaucoup plus jeune que lui, fait de son mieux pour lui plaire. Elle lui cuisine des friandises et lui apporte du thé bien chaud, mais il se contente de la regarder froidement, comme il le faisait avec moi.

« Ne te rends pas malheureuse, ma fille, apprends à vivre avec », ai-je essayé de lui crier d'en haut, mais elle ne m'entend pas.

Je vois mon mari assis sur un rocher, loin de la maison, le regard perdu vers le sommet de la montagne. Je sais qu'il fixe l'endroit où je me suis écroulée. J'ai de la peine pour lui. Comment aurais-je pu me douter qu'il serait si triste après ma mort ? Cet imbécile aurait pu me dire que je comptais pour lui quand j'étais encore en vie. Il aurait pu me sourire, ne serait-ce qu'une fois. Il a eu trente-sept ans pour le faire.

Vous savez, je sais compter maintenant. Les chiffres ne sont plus des signes incompréhensibles. Mon cerveau est étonnamment vif dans ce monde de nuages, beaucoup plus vif que quand j'étais sur terre. Mais à quoi bon, puisque je suis morte, et puis, comme disait tout le temps ma mère : « A quoi cela nous sert-il d'apprendre, à nous, les femmes, sinon à nous donner mal à la tête ? »

Je la vois tous les jours ici, mais elle a l'air si jeune, si différente de celle que je connaissais. Mon père n'est pas là. Il doit y avoir des compartiments séparés pour les hommes et les femmes, comme dans les toilettes de l'hôpital, en ville.

Je passe mes journées à flotter au-dessus de mon village et j'apprends plein de choses que je ne savais pas. Les secrets des autres foyers virevoltent jusqu'à moi comme des cerfs-volants, et j'entends les maris et les femmes chuchoter derrière les portes closes. Je sais quel mari bat sa femme et quelle femme donne du vin de riz coupé à l'eau à son mari. Je sais désormais que même si toutes les femmes ont l'air satisfaites de leur sort, elles ont en elles des attentes qu'elles ont préféré rouler en boule et jeter dans un coin pour tenter de les oublier. Je sais aussi qu'aucun homme de notre village n'a jamais souri à sa femme ni ne lui a avoué qu'il serait fou de chagrin le jour où elle mourrait.

On n'apprend tout ça qu'une fois qu'il est trop tard… trop tard pour tous les deux.

LA SALSA À CINQUANTE ANS

Deux ans après mon cinquantième anniversaire, j'ai décidé de m'inscrire à un cours de salsa. Je m'en souviens très bien parce que c'est l'année où mon mari Ramesh m'a quittée pour aller vivre à Goa avec son secrétaire, un garçon du nom de Monty. Je n'avais pas vraiment envie de m'inscrire. D'ailleurs, je ne savais même pas que la salsa était une danse. J'ai toujours cru qu'il s'agissait d'une sorte de sauce tomate que l'on mange avec des chips triangulaires. Pas les fines chips de pomme de terre qui vous laissent les doigts tout gras, mais des espèces de morceaux de carton au vague goût de paprika. J'ai déjà vu des gens tremper ces chips dans la sauce rouge avant de les manger, à des réceptions. Ils se retrouvent à chaque fois avec de la sauce sur le menton ou les vêtements. C'est l'une des raisons pour lesquelles j'ai préféré ne jamais y goûter. Je déteste tacher mes saris de soirée, parce que je suis toujours obligée de les faire nettoyer au pressing.

En plus, cette sauce est beaucoup trop épicée. Je préfère les petits-fours classiques, les *samosa*, ou ces toasts tartinés de pâte rouge ou noire qu'on peut manger sans se salir les doigts. A la maison, je peux manger ce que je veux et m'en mettre partout, mais quand on sort, il faut se tenir correctement et se comporter comme une dame.

Quoi qu'il en soit, ce sont mes amies qui m'ont poussée à m'inscrire au cours de salsa.

« Sunita, tu devrais faire quelque chose de positif », m'ont-elles toutes conseillé après s'être installées pour une deuxième tasse de thé.

En général, la première tasse refroidit avant qu'elles n'aient eu le temps de la boire parce qu'elles sont restées bouche bée à m'écouter raconter ce qui s'est passé avec Ramesh. Comment il est parti avec Monty en laissant derrière lui ses plus beaux costumes et sa Rolex en or. Comment l'épouse de Monty a fait irruption chez moi avec un couteau, pensant qu'ils seraient encore là. Je ne sais pas qui de Monty ou de Ramesh elle voulait tuer, peut-être les deux, en tout cas, lorsqu'elle est partie, elle a hurlé des insanités à leur intention, tellement fort que tous les domestiques sont sortis pour voir ce qui se passait. Je suis sûre que les voisins aussi n'ont rien perdu de la scène, bien cachés derrière leurs rideaux. La femme de Monty doit être népalaise, parce qu'elle est très mince, presque androgyne, avec les yeux légèrement bridés. Nous avons eu une domestique népalaise une fois, elle était très jolie et tous les amis de Ramesh lui donnaient des pourboires, même quand elle ne leur avait rien servi. Ce pauvre Bhanu passait ses journées à transpirer dans la cuisine pour leur faire à manger, et ce gentil Rana courait dans tous les sens pour répondre à toutes leurs requêtes, mais ils n'ont jamais reçu la moindre roupie. En revanche, Ramesh n'a jamais rien donné à la domestique népalaise, pas même pour Diwali. Il la trouvait agaçante et m'avait même demandé que ce ne soit pas elle qui lui apporte son thé le matin, quand il était confortablement installé dans le jardin.

« Envoie plutôt Rana », m'avait-il dit en coulant un œil vers le jeune homme qui s'affairait autour de nous, un plateau à la main.

J'aurais dû m'apercevoir de quelque chose à ce moment-là, mais j'étais totalement ignorante dans ce domaine. Je croyais que l'amour ne pouvait exister qu'entre un homme respectable, avec un bon emploi, et une jolie jeune femme à la peau claire. Aucune autre combinaison n'était possible. Des femmes mûres avec des jeunes hommes, des hommes avec des hommes, des femmes avec des femmes… tout ça m'était tout bonnement inconnu. Je trouve toujours ça bizarre, ces associations improbables ; un homme pauvre qui épouse une femme riche, ou un Indien à la peau mate qui épouse une Penjabi à la peau claire, ou encore l'inverse, mais c'est très rare. C'est vrai, peu de femmes à la peau mate peuvent épouser des hommes à la peau claire, à moins d'avoir beaucoup d'argent.

Ramesh et moi étions parfaitement assortis. Nous avons tous les deux le teint doré, nos deux familles sont riches sans l'être trop, nous avons fréquenté les mêmes écoles, ma mère joue au bridge avec la sienne au Gymkhana Club tous les mercredis, et sa sœur est mariée à mon cousin. On aurait facilement pu nous prendre pour frère et sœur, si ce n'est que Ramesh est très beau et que je suis plutôt quelconque ; pas laide, mais pas jolie non plus.

Je nous croyais heureux. Ramesh était un bon mari, un homme bien. C'est toujours un homme bien. Je ne sais pas pourquoi je parle de lui au passé, comme s'il était mort. Peut-être parce que le Ramesh que j'ai épousé n'existe plus. Je ne sais toujours pas pourquoi il m'a quittée. Il aurait pu vivre ici avec Monty. La maison est tellement grande : cinq chambres avec salle de bains privée, deux salons, un pour recevoir et l'autre pour regarder la télévision, celui où Ramesh a mis tous ses livres, enfin, les romans de gare, pas les grands classiques.

Mais le fait est qu'il m'a quittée.

Je n'avais aucune envie de sortir et de me changer les idées. J'étais très bien à la maison, assise dans le canapé toute la journée à regarder la télévision ou à lire. Ce que je préfère, ce sont les romans d'amour historiques, parce qu'on peut apprendre des choses sans qu'on vous demande de réfléchir ensuite à ce que vous avez appris. Pourquoi lire des livres qui donnent mal à la tête et vous rappellent l'école ? J'adore aussi les romans policiers, surtout ceux d'Agatha Christie. Elle a le chic pour décrire ces Anglais toujours polis, capables de boire le thé dans la bibliothèque à peine quelques heures après que le majordome y a découvert un cadavre. Ce genre de chose n'arriverait jamais en Inde. Ici, quand on trouve un rat mort dans le salon, c'est la catastrophe. Ça fait un raffut de tous les diables. Si on trouvait un cadavre dans notre bibliothèque, ma belle-mère ferait fumiger toute la maison et venir un prêtre pour une cérémonie purificatrice d'au moins onze jours.

Mon fils refuse de parler de ce que son père a fait.

« Ma, c'est horrible. Je ne peux pas encaisser ça, c'est au-dessus de mes forces. Ça me rend malade », m'a-t-il répondu quand je lui ai appris la nouvelle.

Maintenant, lorsque je lui téléphone, il se contente de me parler des films qu'il a vus récemment et de son ulcère. Ça me convient tout à fait. J'aimerais que mes amies me laissent un peu tranquille avec leurs histoires de pensée positive et toutes ces idioties, je préférerais qu'elles me parlent de jardinage, de cinéma, de cuisine.

C'est ma voisine qui m'a parlé des cours de salsa, et j'ai commis l'erreur d'en parler à mes amies. Pinky est une jeune femme un peu dodue, elle doit avoir la trentaine, presque l'âge de ma fille, sauf que ma fille est beaucoup plus mince qu'elle.

« Tantine, vous devriez venir avec moi, c'est un bon moyen de perdre du poids. »

J'ai bien besoin de perdre du poids, même si maintenant que Ramesh est parti, ça n'a plus vraiment d'importance. Qui se soucie que je sois mince ou grosse ? Ma fille, peut-être, mais elle se contente de répéter la même phrase :

« Ma, laisse-toi porter par l'énergie… »

Ma fille aimerait bien devenir bouddhiste, mais elle ne s'est pas encore décidée. Elle aurait du mal à devenir végétarienne, elle qui aime tant les currys de viande et les œufs à la *bhujia*.

Ramesh l'a envoyée à Oxford dans l'espoir qu'elle devienne quelqu'un d'important à son retour en Inde, une avocate de renom ou une grande banquière. Mais Sheena a préféré rejoindre une ONG. Elle a donné aux pauvres tous les vêtements de couturier qu'elle avait achetés pendant un séjour à Paris. Elle ne porte plus que des tuniques en coton et des pantalons larges qui déteignent dans la machine à laver, du coup la domestique est obligée de les laver à la main. Sheena ne vit pas avec moi. Elle occupe un minuscule appartement dans un nouveau quartier où je ne suis encore jamais allée, mais quand j'en ai parlé à mes amies, elles ont fait une drôle de tête. J'en ai déduit que c'était un quartier mal famé. Sheena vient souvent à la maison pour faire laver son linge et récupérer son courrier. Elle demande toujours à Bhanu de lui cuisiner un curry de viande. Je lui ai dit que ce ne serait pas facile de devenir végétarienne à son âge. Elle risque d'infliger un choc à son corps et de se retrouver avec les cheveux tout gris en un rien de temps.

Elle aussi m'a conseillé de prendre des cours :

« Le départ de Baba t'a causé un grave traumatisme, tu dois te débarrasser de toute cette énergie négative. Mais pas en dansant la salsa, c'est nul. J'espère que ce n'est pas une idée de Babloo, c'est exactement le genre de truc que ce plouc pourrait faire. Pourquoi tu ne t'inscris pas plutôt à des cours de méditation ou de yoga ? Ça pourrait t'aider à faire ton deuil. »

Je n'ai pas encore ressenti le besoin de faire le deuil de mon mariage, mais j'ai quand même essayé le yoga. Pendant une *asana*, celle où l'on doit plier son bras derrière le dos, j'ai dû tirer trop fort et mon bras est resté coincé. Il a fallu m'emmener chez le médecin pour qu'il me fasse une injection, et j'ai enfin pu déplier mon bras. J'ai aussi essayé la méditation une fois, quand Ramesh m'a emmenée dans un camp de pleine nature à Rishikesh (c'était avant qu'il rencontre Monty). Ils nous ont demandé de nous asseoir en silence et de laisser les pensées s'écouler hors de notre tête. Mais au bout de quelques minutes, j'ai été prise de vertiges. Un sentiment étrange s'est insinué en moi, il s'est figé au beau milieu de mon front, comme une grosse bulle invisible, et il est resté là un moment. Il arrive parfois que ce sentiment me revienne, lorsque je ferme les yeux au milieu de la foule. La méditation n'est vraiment pas quelque chose de facile pour les gens comme moi, incapables de rester assis en tailleur par terre. Et puis mes pensées ne s'écoulent jamais hors de ma tête. Elles virevoltent et m'assaillent parfois comme un cerf-volant qui descend en piqué. Mais Ramesh était plutôt doué, il pouvait rester assis très longtemps, la tête vide de toute pensée, un étrange sourire dessiné sur les lèvres. Il me faisait penser à un enfant qui prépare une bêtise. Et c'était le cas.

Pinky m'a dit qu'il valait mieux porter des vêtements larges pour la salsa, parce qu'on saute dans tous les sens et qu'on s'étire.

« Ce n'est pas dangereux, au moins ? me suis-je alarmée.

— Mais non, ne vous inquiétez pas, beaucoup de femmes de votre âge assistent à ce cours. Boski vous laisse apprendre à votre rythme. »

J'étais un peu nerveuse pour le premier cours, je n'aime pas trop rencontrer de nouvelles personnes. Le jour où j'ai fait la connaissance des futurs beaux-parents de Babloo, mon fils aîné, j'ai été prise de palpitations, alors que ce sont des gens très gentils et très polis qui fabriquent des vêtements en laine à Ludhiana. Leur fille a suivi sa scolarité dans une école religieuse, et c'est une bonne bru. Ramesh a préféré envoyer Babloo étudier aux Etats-Unis parce qu'il craignait qu'il ne devienne lui aussi une sorte de hippie, comme Sheena, s'il l'envoyait en Angleterre. Il a eu raison, cette fois encore. Babloo est aujourd'hui vice-président d'une multinationale et doit porter des vêtements chic tous les jours, même le dimanche, parce qu'il va jouer au golf avec son patron. Malheureusement, lui et Sheena ne s'entendent pas du tout, alors qu'ils n'ont qu'un an de différence. J'ai eu mes enfants l'un juste après l'autre, et quand j'y repense, je me dis que j'ai bien fait. Ramesh n'avait pas encore rencontré Monty à cette époque.

A chaque fois que j'essaie de réunir la famille pour déjeuner, c'est un désastre. Babloo et son épouse arrivent toujours à l'heure, bien habillés, pendus à leur téléphone portable, et Sheena débarque forcément en retard, un sac de vêtements sales sur l'épaule. Elle ne manque jamais de lancer quelques réflexions désagréables à ma belle-fille, sur son vernis à ongles ou son jean moulant, résultat,

Babloo et sa femme s'en vont toujours avant le dessert.

Les enfants ne prononcent plus le nom de leur père, c'est très perturbant pour moi. Ce n'est pas comme s'il était mort. Nous parlons encore tous les deux au téléphone de temps à autre, et il me fait régulièrement rapporter de délicieuses noix de cajou par ses amis qui lui rendent visite à Goa. En général, ce sont de jeunes hommes, des amis de Monty, et ils restent toujours déjeuner à la maison. Ils me disent tous que Ramesh leur parle souvent de moi et de la cuisine de Bhanu.

J'aimerais bien rendre visite à Ramesh et Monty de temps en temps. Mes amies m'ont dit que Goa était splendide en hiver et que de nombreux étrangers y ont construit des maisons en bord de mer. Mais Ramesh ne m'a jamais invitée, et je n'aime pas m'imposer. Je vais peut-être perdre un peu de poids avec ce cours de salsa, je pourrais alors leur faire une visite-surprise et arriver à Goa en jean moulant. Ramesh aimait bien les jeans moulants.

La musique était trop forte et la salle envahie d'une odeur incommodante, un mélange de transpiration et de parfum féminin. Boski s'est approchée de moi et m'a prise dans ses bras. Ça ne m'a pas trop plu. Comment peut-on se permettre de se comporter ainsi avec quelqu'un qu'on rencontre pour la première fois ? Les seules personnes que j'ai déjà prises dans mes bras, ce sont mes enfants, et encore, uniquement quand ils pleuraient ou étaient malades. Des personnes âgées aussi, pendant des cérémonies funéraires. Ramesh et moi ne nous sommes jamais étreints ; ç'aurait été bizarre, nous étions mari et femme, pas frère et sœur. Déjà que nous nous ressemblions beaucoup… (En revanche, Ramesh prenait souvent Monty dans ses bras quand il nous rendait visite, avant qu'ils n'aillent s'installer à Goa. Ils riaient, se donnaient des coups dans la poitrine et s'étreignaient. Ils se tenaient souvent la main à table. Et moi qui avais pris ça pour un signe d'amitié, je trouvais même ça mignon… et regardez comment tout ça s'est terminé ! Je ne fais plus du tout confiance aux gens qui se prennent dans les bras.)

Boski m'a prise par la main et m'a dit :

« Viens, ma chérie, ne sois pas timide. Laisse-toi aller. Laisse ton corps se détendre. Viens… viens… Et voilà », m'a-t-elle lancé, avant de me pousser gentiment.

J'ai failli tomber. Pourquoi les gens vous répètent-ils tout le temps de vous laisser aller ? Ils ne savent donc pas à quel point ça peut être dangereux ?

« Un, deux, trois… un, deux, trois… on se penche et on tourne… on se penche et on tourne… on s'échauffe en douceur maintenant… on s'étire… oui, voilà. Laissez-vous aller, laissez-vous porter par la musique ! Encore une fois, mes chéries », s'époumonait-elle, la bouche grande ouverte.

C'est à ce moment-là que j'ai remarqué sa dent en or.

« D'où vient-elle ? » ai-je demandé à Pinky, sur le chemin du retour.

J'avais des courbatures dans tout le corps, mais ce n'était pas déplaisant. J'avais l'impression de flotter dans une mer d'eau chaude.

« Oh, je n'en sais rien, elle doit être russe ou polonaise. Quelque chose comme ça. Mais elle parle hindi couramment, alors il vaut mieux faire attention à ce qu'on dit », m'a répondu Pinky dans un sourire.

Ses jolies joues rondes étaient rosies par l'effort, elle était particulièrement belle.

« L'autre jour, une des femmes, vous savez, celle qui porte un foulard rouge autour de la tête, eh bien, elle a dit quelque chose en hindi… *Bolti bahut hai, sali mem*[1], je crois, et Boski a rétorqué : *Hanh, mai to bahut botli hoon aur aap bahut moti hain*[2]. »

Nous avons toutes les deux éclaté de rire et le chauffeur nous a souri dans le rétroviseur. Je me sentais incroyablement bien en compagnie de quelqu'un qui n'était ni mon mari, ni mon enfant, ni même quelqu'un de ma famille, à rire comme une écolière insouciante.

Je n'ai pas à me plaindre de mon mari. Ramesh s'est montré très généreux avec moi. Il continue à payer les domestiques et me donne de l'argent tous les mois, bien plus qu'il ne m'en faut.

« C'est son devoir… ont déclaré mes amies. Mais n'accepte jamais le divorce. »

---

1. « Elle parle tout le temps, cette espèce de snob. »
2. « Oui, je parle tout le temps, et vous, vous êtes particulièrement grosse. »

Ramesh n'a pas demandé le divorce.

Il ne peut pas épouser Monty, et s'il avait pu, son défunt père – un ancien de l'armée d'une extrême rigidité – se serait retourné dans sa tombe. Sa pauvre mère est encore en vie, elle est d'ailleurs en pleine forme pour une femme de quatre-vingt-cinq ans, mais elle ne comprend pas vraiment ce qui s'est passé :

« Pourquoi Ramesh passe-t-il autant de temps à Goa ? On m'a dit que cet endroit grouillait de sales hippies », m'a-t-elle dit l'autre jour.

Pourtant Sheena affirme que sa grand-mère sait parfaitement de quoi il retourne parce qu'elle l'a entendue dire à sa tante Bela : *Hai Ram*, *Ramesh lesbian ho gaya hai*[1].

Sheena prend tout ça comme une grosse plaisanterie, mais Babloo et sa femme trouvent cette histoire très embarrassante. Ils s'inquiètent tout le temps de ce que les gens doivent en penser ou de ce que les domestiques racontent entre eux :

« Pourquoi ne s'est-il pas simplement enfui avec une autre femme ? Il devait bien y avoir des secrétaires de sexe féminin à son bureau ! Pourquoi partir avec un garçon ? Il nous couvre de honte ! Qu'est-ce que je vais bien pouvoir dire à mon fils quand il sera plus grand ? » s'est exclamé Babloo l'autre jour.

Il est très rare qu'il s'exprime aussi librement, qu'il manifeste ainsi ses émotions. Je n'ai pas su quoi lui répondre pour le réconforter. Quand vos

1. « Hélas, Ramesh est devenu lesbien. »

enfants sont encore petits, les rendre heureux est toujours très facile. Il suffit de les aimer et de leur apporter le soutien dont ils ont besoin. Mais quand ils grandissent, trouver les mots devient de plus en plus compliqué. Babloo et Sheena se vexent tellement vite que je préfère encore me taire. Je crois qu'ils me tiennent pour responsable du départ de leur père. Il m'arrive à moi aussi de penser que c'est de ma faute.

« Etirez-vous comme un chat ! Cambrez bien le dos et regardez-moi dans les yeux… Bien, respirez lentement… vous flottez dans les airs. Un… deux… trois… un, deux, trois, ma chérie. Tu te débrouilles très bien, ma belle ! »

Boski avait la main posée sur mon dos. Elle m'a étiré les bras puis les a laissés retomber en douceur. Il émanait d'elle un léger parfum musqué, comme si elle venait de se rouler sur un lit de fleurs humides en pleine forêt. Elle m'a jeté un regard et m'a souri. J'ai soudain été prise de vertiges, mais ça n'avait rien à voir avec le bouillonnement que j'avais ressenti pendant le cours de méditation. Je me sentais étourdie mais heureuse, presque excitée. C'était la même sensation que lorsque j'étais enfant et que mon père poussait ma balançoire très haut vers le ciel. Mon cœur battait la chamade, j'avais peur de tomber, puis il se remplissait de joie parce que je savais que mon père me rattraperait toujours.

« Etire bien les bras, ma chérie… Maintenant, suis mes pas. Un, deux, trois… un… deux… trois… et trois et quatre ! Envoie la tête en arrière… encore une fois. Tu te débrouilles très bien ! »

J'ai fait de mon mieux mais mes bras se sont raidis d'un seul coup. L'incident du cours de yoga m'était brutalement revenu en mémoire. Boski a enfoncé un doigt dans mon flanc.

« Allez, madame Culbuto ! Essaye encore et encore ! »

Je me sens plus légère de jour en jour. Je n'ai pas perdu de poids, mais je me déplace avec plus d'aisance qu'auparavant. J'ai l'impression que quelqu'un a retiré de mon corps tous ces morceaux en trop qui entravaient mes mouvements, je peux désormais sautiller et tourbillonner comme un jeune chiot. J'ai essayé de mettre de la musique à la maison, pas trop fort pour ne pas réveiller ma bellemère, et de m'entraîner à faire les pas, mais ce n'est pas aussi drôle qu'en cours. J'aime voir toutes ces femmes virevolter autour de moi, entendre leurs voix fortes, leurs rires tonitruants, sentir l'odeur de leurs corps en sueur. Boski nous pousse à aller toujours plus vite, que ce soit pour la salsa, le rock'n roll, ou des danses osées façon Bollywood. A mesure que je remue mon corps flasque sur des rythmes que je ne connais pas, je me débarrasse de toutes ces couches de souvenirs, de douleur, de honte. Mon corps se libère, je me sens à la fois plus jeune et plus âgée. J'imagine le visage de mes proches s'ils me voyaient, mes parents horrifiés, mes beaux-parents incrédules, et enfin Ramesh, plein d'une toute nouvelle admiration. Il ne m'en voulait pas, il ne m'en a jamais voulu pour quoi que ce soit.

Les haut-parleurs crachent de la musique, et certaines d'entre nous n'hésitent pas à accompagner la voix des chanteurs d'un ton discordant. Tout le monde s'en moque. Nous nous jetons des regards amicaux, échangeons des sourires, comme des enfants qui feraient l'école buissonnière. Femmes mûres ou jeunes filles sveltes, nous nous cognons les unes aux autres à force de rire et prenons des poses étranges, tels des paons, tête levée… Je sais que je ne serai jamais une grande danseuse.

Mais on ne peut pas tout être dans la vie. J'ai essayé, de toute mon âme, mais je n'ai pas su être une bonne épouse, une bonne maîtresse de maison ou une bonne joueuse de bridge. Je ne sais ni chanter ni jouer du sitar. Je ne cuisine pas le *dal* aussi bien que ma belle-mère, je ne sais pas conduire ni me servir d'un ordinateur.

Un demi-siècle s'est écoulé, et les choses peuvent bien se faire seules, sans mon intervention. Je suis heureuse que Ramesh soit heureux. Il me reste encore quelques années pour profiter de la vie – dix, vingt, peut-être même trente, qui sait ? Ma ligne de vie est toute biscornue, on ne peut donc pas s'y fier.

Je sais que je ne danserai jamais bien la salsa, je ne saurai jamais comment parler à mes enfants et je ne serai jamais une épouse pour mon mari, si ce n'est sur le papier.

Mais à présent, ça n'a plus la moindre importance.

UN ÉTRANGER DANS LE PARC

L'homme, à demi caché par un palmier, ne la quittait pas des yeux. Sudha s'obligea à presser le pas, alors qu'elle était déjà à son troisième tour de parc et passablement essoufflée. Les arbres, sous la lumière capricieuse du soleil d'hiver, avaient déjà commencé à changer de couleur. De nombreux promeneurs arpentaient encore les sentiers qui traversaient les jardins de Lodi. Il y avait aussi quelques hommes d'un certain âge assis sur des bancs et des amoureux dissimulés dans l'ombre des margousiers. Sudha n'avait donc rien à craindre. Elle ne tourna pas la tête, mais vit du coin de l'œil que l'inconnu l'observait toujours. Il marchait le long du sentier de jogging, la tête ostensiblement tournée dans sa direction, comme s'il attendait une réponse à une question qu'il lui aurait posée quelques secondes auparavant. Il était plus jeune qu'elle et avait l'allure d'un étranger ou d'un Indien qui a longtemps vécu à l'étranger. Sa peau était claire, presque pâle, elle n'avait pas été abîmée par la chaleur, la poussière et la nourriture épicée. Il avait le teint frais d'un mangeur de salade, d'un homme en pleine santé. Sudha lui jeta un regard discret et s'aperçut qu'il avait une main dans le plâtre. Elle se sentit rassurée. Un homme blessé est forcément inoffensif.

Soudain, l'inconnu s'arrêta pour toucher de sa main valide les feuilles d'un arbuste planté à côté du sentier.

« C'est un thuya », s'entendit dire Sudha, d'une voix claire et forte qui la surprit elle-même.

L'homme hocha la tête et lui sourit.

« Oh, merci. Et celui-ci, avec les grandes feuilles tombantes ? » demanda-t-il en désignant un ptérosperme à feuilles d'érable.

Elle lui donna le nom à toute vitesse, puis reprit sa marche d'un pas vif, les yeux braqués devant elle comme une vigie pressée de voir la terre du haut du mât d'un bateau. L'homme enjamba le parterre de fleurs d'un pas léger et cala son pas sur le sien.

Sudha ne savait pas comment réagir. C'était entièrement de sa faute. Elle n'aurait jamais dû lui adresser la parole. Depuis son enfance, on ne cessait de lui répéter qu'il ne fallait pas parler aux inconnus, peu importe qu'ils aient la peau claire ou soient bien habillés, et voilà qu'aujourd'hui, à l'âge de cinquante-trois ans, elle venait d'enfreindre cette règle.

« Comment s'appelle cet arbre dont les feuilles ressemblent à de la fougère ? s'enquit-il, penché vers elle comme s'ils étaient de vieux amis en promenade dans les jardins de Lodi par un beau matin d'hiver.

— Un flamboyant, lui répondit-elle d'un ton courtois sans le regarder.

— Et l'autre, juste à côté ?

— Un banian », dit-elle, un peu surprise.

Quel genre d'homme n'est pas capable de reconnaître un banian ? Même les étrangers savent ce que c'est.

« Non, non, pas celui-là, je sais bien que c'est un banian. Je vous parle de l'autre, celui avec l'écorce foncée, derrière cet énorme figuier des pagodes.

— Ah ! Un alstonia. »

Il fallait absolument qu'elle cesse de parler à cet homme. Il se montrait beaucoup trop amical, trop souriant. Sudha se força à presser le pas. Son cœur battait très fort dans sa poitrine, pourvu qu'elle ne soit pas prise de palpitations. Elle effectuait ces promenades quotidiennes depuis que le médecin lui avait recommandé de faire de l'exercice léger. Mais à ce rythme-là, ce n'était plus de l'exercice, c'était un entraînement de marathonienne et ça ne correspondait plus du tout à ce que le médecin lui avait prescrit. Elle risquait de s'évanouir. Sudha pressa les extrémités de ses doigts les unes contre les autres. C'était un truc que lui avait montré son professeur de yoga pour les moments où elle se sentait défaillir.

Ils arrivaient à hauteur du vieux pont. Et si jamais les promeneurs habituels la voyaient en compagnie de cet inconnu ? Sudha jeta autour d'elle des regards paniqués. Une volée de perroquets les dépassèrent et se posèrent sur les murs en ruine, non sans avoir au préalable annoncé leur arrivée à grands cris aigus.

« Il s'agit bien d'un cassier ? » reprit-il.

Son accent était teinté d'intonations européennes, assez proche du français ou de l'italien, mélangé à du penjabi. Sudha se détendit. Un homme capable de reconnaître les cassiers ne pouvait pas être un tueur psychopathe, et puis il avait une main dans le plâtre. Si jamais quelqu'un les voyait ensemble, elle pourrait toujours prétendre que c'était l'un de ses cousins. Mais alors, il valait mieux qu'elle connaisse son nom.

« Je m'appelle Ranjit. Ranjit Singh », se présenta-t-il en tendant maladroitement la main gauche.

Sudha hocha la tête, un peu soulagée. Voilà qui était rassurant. Il portait un prénom respectable. Elle connaissait plusieurs Ranjit, et ils étaient tous inoffensifs. S'il s'était appelé Bobby ou Vicky, ou quelque chose dans ce genre-là, elle se serait méfiée et aurait immédiatement mis fin à leur discussion.

Tandis qu'ils avançaient d'un pas plus modéré, elle continua à lui donner le nom des arbres et des plantes qui bordaient le chemin. Elle était fière de connaître tous ces noms, et il semblait s'intéresser à tout, même aux fleurs sauvages qui poussaient effrontément au beau milieu des parterres. Ils échangèrent leurs avis sur les avantages des plants d'hiver et les inconvénients à faire pousser plusieurs variétés en même temps. C'était la première fois de sa vie qu'elle discutait plantations, greffes et taille avec quelqu'un d'autre que son vieux jardinier, et cela lui procurait une étrange sensation de bonheur et d'enthousiasme. Elle avait le sentiment d'avoir enfin une personnalité bien à elle, et c'était comme si cet inconnu le savait. Une autre volée de perroquet passèrent juste devant eux, poussant des cris encore plus perçants que d'habitude. Elle eut l'impression qu'ils la mettaient en garde contre cet homme qu'elle venait tout juste de rencontrer. Plus loin, les cognassiers et les jujubiers formaient une sorte de tunnel ombragé qui lui sembla plus sombre que lors de ses promenades précédentes. Il ne fallait surtout pas qu'elle se mette à imaginer des choses. Ils n'allaient pas tarder à partir chacun de son côté.

Sudha et l'inconnu émergèrent du tunnel baigné d'une faible lumière verdâtre sous un soleil éclatant. Un chien errant pourchassait un corbeau en lâchant quelques aboiements peu convaincus, et ils croisèrent trois vieilles dames qui marchaient d'un pas lent mais discutaient d'une voix forte.

« Les belles-filles d'aujourd'hui ne savent plus ce que sont le respect et l'obéissance. On peut s'estimer heureuses quand elles nous proposent un verre d'eau », déplorait l'une d'elles.

Sudha réprima son envie de regarder Ranjit, mais même sans le voir, elle savait qu'il souriait lui aussi. On entend parfois des bribes de conversations étranges dans les jardins de Lodi, et Sudha s'amusait souvent à en imaginer la suite. Elle venait toujours se promener seule. Aucun membre de sa famille ne voulait l'accompagner.

« Je préfère me promener dans les centres commerciaux. Tu serais surprise de voir l'énergie qu'on dépense en faisant du shopping », avait affirmé sa belle-sœur.

Sa belle-fille trouvait qu'il y avait trop de monde dans les jardins, et sa belle-mère, les vieilles tantes et les vieux oncles pouvaient à peine marcher. Il y avait bien les femmes du club de quartier qui venaient elles aussi se promener dans le parc, mais Sudha n'avait aucune envie de se joindre à leurs séances de commérages.

« Je vous suis très reconnaissant de bien vouloir me donner le nom de toutes ces plantes. Je reconnais les fleurs, mais j'ai plus de difficultés avec les arbres. J'ai vécu à l'étranger pendant presque trente ans, voyez-vous, mais je suis né ici, en Inde. A Karnal, plus précisément. Je me souviens de ces arbres, j'en connaissais le nom quand j'étais enfant. »

Il doit donc avoir dans les quarante ans, supposa Sudha en l'examinant attentivement pour la première fois. Il était grand et mince, son épaisse chevelure ondulée tirait vers le gris, et ses épaules étaient un peu voûtées. Il ressemblait à un professeur. Un professeur de botanique, peut-être, mais son anglais laissait transparaître cet accent que l'on attrape dans les écoles publiques. Tout ça sonnait d'une bien étrange manière, parce qu'il lui arrivait aussi de prononcer certains mots avec un accent français.

« Je travaille dans l'import-export, principalement des vêtements », dit-il.

Sudha sentit la déception l'envahir. Son père avait pour habitude de dire : « Parler d'import-export n'est qu'une manière détournée de parler de trafic. » Mais cet homme, avec ses yeux marron clair et ses mains délicates – du moins celle qu'elle pouvait voir –, n'avait rien d'un trafiquant. Et puis, de toute façon, il n'y avait plus rien en Inde qui puisse faire l'objet d'un quelconque trafic. De la drogue ? Non, impossible. Aucun trafiquant de drogue ne serait capable de distinguer un cassier d'un albizzia. Après tout, pourquoi s'inquiéter de ce qu'il faisait dans la vie, puisqu'elle n'allait jamais le revoir ?

« Accepteriez-vous de prendre un café avec moi ? proposa-t-il d'un ton hésitant.

— Non… non… je dois m'en aller. Mon chauffeur m'attend, s'empressa-t-elle de répondre en jetant autour d'elle des regards affolés, comme si le vieux Babu Ram était caché derrière un arbre à les surveiller.

— Très bien. J'ai été ravi de vous rencontrer, et encore merci de m'avoir indiqué les noms de tous ces arbres. Je vais me les répéter toute la journée de demain, pour être sûr de ne pas les oublier », lança-t-il en riant.

Puis il s'éloigna, non sans lui adresser un au revoir de sa main valide.

Demain… Il était donc là pour quelques jours. Sudha se dépêcha de monter dans la voiture et demanda à Babu Ram de la conduire au club de quartier. Elle ne pouvait pas rentrer tout de suite à la maison, pas dans un tel état d'agitation. Elle était encore essoufflée et sentait qu'elle avait le rouge aux joues. Elle s'était montrée beaucoup trop audacieuse, imprudente même, sa famille serait choquée si elle venait à l'apprendre. Lui avait-elle révélé son nom ? Non, heureusement, elle ne l'avait pas fait. Il ne pourrait pas trouver son adresse, la suivre jusque chez elle et dire à toute la famille qu'ils s'étaient promenés ensemble dans les jardins de Lodi, qu'ils avaient discuté de plantations d'hiver, d'arbres et de greffes.

Le soleil était beaucoup plus fort ce jour-là, il baignait les jardins d'une lumière vive qui dansait sur les parterres et sautillait sur les pierres grises. Sudha venait de terminer son premier tour de jardin. Elle l'aperçut au moment où elle approchait du pont. Devait-elle ralentir ou au contraire accélérer le pas pour le dépasser ? De toute façon, il allait forcément la voir. Elle décida de traîner un peu, fit mine de relacer sa chaussure, et c'est là qu'elle le vit obliquer vers la gauche pour finalement faire un demi-tour complet et se retrouver pile en face d'elle. Sudha ne sut pas quoi dire, alors elle désigna l'arbre qui bordait le sentier.

« Oh, bonjour ! Qu'est-ce que c'est ? » demanda-t-il en s'approchant.

Sudha ramassa une feuille tombée sur le sol et la posa dans sa paume. La feuille incurvée comportait une sorte de petite poche dont sortit une énorme fourmi noire, contrariée par le dérangement. Sudha éclata de rire.

« C'est un ficus Krishna. Je parie que vous ne le saviez pas, le nargua-t-elle, la main tendue pour lui donner la feuille et la fourmi.

— Mais… euh… la fourmi ne risque pas de me piquer ? s'inquiéta-t-il en prenant la feuille d'une main hésitante.

— Oh si, elle pique même très fort et vous serez sûrement obligé de lui couper la tête pour vous en débarrasser », répondit-elle d'un air qu'elle voulait très sérieux.

Ranjit reposa la feuille par terre et ils regardèrent tous deux la fourmi s'enfuir dans l'herbe.

« Cet arbre s'appelle le ficus Krishna à cause de la forme de ses feuilles. On dit que Krishna s'en servait pour manger du beurre quand il était enfant et qu'il les portait ensuite sur sa tête en guise d'ornement », raconta Sudha tandis qu'ils se remettaient en chemin côte à côte.

Toute la nervosité qu'elle avait ressentie lors de leur précédente rencontre s'était évanouie. Sudha avait même l'impression qu'ils se promenaient ensemble tous les soirs, parmi les volées de perroquets aux cris assourdissants, les vaillants joggeurs et les vieux messieurs hors d'haleine.

Elle apprit ce jour-là que le père de Ranjit possédait autrefois un grand magasin de tissus à Panipat et que sa mère enseignait dans une école de Karnal, là où il était né. A dix-huit ans, il était parti vivre en France, d'abord pour travailler comme steward d'Air France, puis il avait commencé à importer des chemises en coton de son pays d'origine. Il avait été l'un des premiers à le faire et s'en était très bien sorti. Il s'était ensuite mis à vendre ses chemises à de grands magasins aux Etats-Unis, s'était installé en Californie et y avait vécu pendant plusieurs années. C'est d'ailleurs là qu'il avait rencontré sa femme. Après la mort de celle-ci, emportée par un cancer six ans plus tôt, il était retourné vivre en France. Il passait désormais la plupart de son temps à voyager à travers le monde pour admirer les jardins et les monuments. Il avait deux fils, qui vivaient aux Etats-Unis. L'aîné enseignait à Yale, le second était professeur de ski. Ils n'étaient mariés ni l'un ni l'autre mais vivaient en concubinage. Ranjit s'était cassé le poignet en glissant sur une peau de banane à Jaipur. Il expliqua tout ça à Sudha en seulement quelques minutes, ajoutant çà et là quelques anecdotes amusantes. On aurait pu croire qu'il mimait la vie de quelqu'un d'autre. Il lui faisait penser à un personnage de bande dessinée.

« Vous imaginez quelqu'un glisser sur une peau de banane ? Je croyais que Charlie Chaplin était le seul à qui ça arrivait ! Sauf que lui ne se cognait pas en plus contre une vache en colère… » raconta-t-il avant de lui rejouer la scène.

Sudha fut prise d'une crise de fou rire incontrôlable. Un couple qui passait près d'eux leur sourit. Sudha eut soudain honte de s'être laissée aller à rire comme une petite fille. Ranjit risquait de se faire des idées. Ce genre de comportement n'était pas convenable pour une femme de son âge. Elle tentait de reprendre contenance lorsqu'elle aperçut trois femmes de son club de quartier. Elles se dirigeaient droit sur eux.

« Il faut que j'accélère », lui souffla-t-elle en se hâtant.

Ranjit, surpris, lui emboîta le pas.

« Non… restez en arrière. S'il vous plaît, restez derrière », chuchota-t-elle d'un ton paniqué sans même le regarder.

« Bonjour Sudha, lui lancèrent les femmes, une par une, lorsqu'elles la croisèrent, non sans toiser Ranjit des pieds à la tête.

— C'est mon cousin ! Il vient de France », s'écria-t-elle, mais les femmes étaient déjà loin et leurs dos n'exprimaient qu'une profonde désapprobation.

Sudha savait très bien qu'elles étaient déjà en train de cancaner à son sujet.

Elle se mit à traîner les pieds sur le sentier et eut l'impression que les arbres se penchaient pour la plonger dans l'obscurité. Elle aurait dû se douter que quelqu'un allait finir par les voir, c'était complètement inconscient de sa part d'avoir accepté de marcher à côté de Ranjit et de rire comme une enfant. D'ailleurs, les femmes l'avaient-elles entendue rire ?

« Maintenant que vous m'avez présenté comme votre cousin, accepteriez-vous de dîner avec moi ce soir ? lui demanda son compagnon dans un sourire.

— Qui… moi… ? bafouilla Sudha, le cœur bondissant.

— Oui, vous et votre mari.

— Mon mari est mort il y a dix ans.

— Oh, je suis désolé… Mais si vous êtes libre… j'aimerais beaucoup… »

Sudha baissa les yeux, confuse. Cela devait arriver. Il lui faisait la cour. Il la prenait pour une femme de petite vertu, le genre de femme qui accepte de discuter avec des inconnus dans les parcs, qui rit en public sans la moindre gêne. Comment pouvait-il penser une chose pareille ? C'était un parc où les gens respectables venaient se promener. Les fonctionnaires et leurs épouses se baladaient ici, les vieilles dames y faisaient leur yoga, elle avait même vu un juge de la Cour suprême promener son chien dans les allées l'autre jour. Comment Ranjit osait-il ? C'était peut-être de sa faute à elle. Elle l'avait encouragé, elle s'était mise en valeur en faisant étalage de ses connaissances sur les arbres et les plantes. Elle s'était laissé emporter par le charme de Ranjit.

Il lui jeta un regard interrogateur :

« J'espère que ça ne vous gêne pas que je vous invite à dîner ? Je me disais seulement que ce serait agréable d'en apprendre un peu plus encore sur la flore de Delhi. Vous êtes la première personne que je rencontre qui en sache autant sur le sujet. Vous préféreriez peut-être un déjeuner ? »

Elle aurait dû lui dire d'aller s'acheter un livre. Pradeep Krishen[1] en avait récemment écrit un très bien qui recensait toutes les espèces d'arbres de Delhi. Voilà ce qu'elle aurait dû lui dire. Mais, après tout, quel mal y avait-il à accepter de déjeuner avec lui ? Elle n'avait jamais été au restaurant avec qui que ce soit en dehors de son mari, et encore, c'était toujours en compagnie de toute la famille. Ils allaient au Kwality's tous les dimanches et ils commandaient toujours la même chose. Déjeuner avec un étranger ! Que diraient les femmes de son club de quartier ? Elle pourrait peut-être demander à Shama de l'accompagner pour lui servir de chaperon, ainsi personne ne pourrait lui reprocher quoi que ce soit.

1. Naturaliste et botaniste né en 1939 à Delhi.

« Oui… un déjeuner serait parfait, mais… ça ne vous ennuie pas si j'amène une amie ?

— Pas du tout. Formidable ! Je ne connais pas bien les restaurants de la ville, vous pouvez m'en conseiller un ?

— Le Maachan, au Taj. »

C'était un endroit sûr, bien éclairé, fréquenté par des familles convenables. Les femmes de son club de quartier y allaient parfois, mais si jamais elle en croisait une, elle pourrait toujours présenter Ranjit comme un cousin de Shama venu de France, puisque Shama serait avec eux.

A l'instant où la voiture franchit le portail des jardins de Lodi, Sudha fut prise de panique. Qu'avait-elle fait ? Elle avait accepté de déjeuner avec un homme qu'elle avait rencontré la veille, dans un parc. Qu'allait donc dire sa famille ? Que dirait Babu Ram lorsqu'elle lui demanderait de la déposer au Taj ? Elle ne se rendait jamais où que ce soit sans être accompagnée, sauf dans les jardins de Lodi. Il fallait absolument qu'elle appelle Shama.

Sudha étalait du beurre sur les tranches de pain et promenait son regard sur les personnes assises autour de la table. L'oncle de son défunt mari était assoupi sur sa chaise. Il se donnait quelques claques de temps à autre, comme pour chasser une mouche invisible. Agé de quatre-vingt-seize ans, il était désormais incapable de reconnaître qui que ce soit. Ses deux jeunes sœurs, qui avaient dans les quatre-vingts ans toutes les deux, étaient assises à côté de lui et se chamaillaient comme tous les matins à propos d'une histoire vieille d'au moins soixante ans. Ce matin-là, il s'agissait d'un film qu'elles avaient vu pendant la Seconde Guerre mondiale. La belle-mère de Sudha les contemplait d'un air amer, sans pour autant cesser de jeter des coups d'œil furtifs aux domestiques, à l'affût de la moindre erreur de leur part. Elle sourit avec une joie non dissimulée lorsque le jeune domestique, une nouvelle recrue, posa le cadre photo du mauvais côté. Elle se jeta sur lui toutes griffes dehors :

« Espèce d'imbécile, combien de fois vais-je devoir te le répéter ? Tu es sourd ? Non, pas de ce côté… pas de ce côté ! C'est quand même incroyable ! »

Le vieil homme, réveillé par les cris, se donna une claque sur la joue puis referma aussitôt les yeux. Les tantes fixèrent un instant le jeune domestique, mais retournèrent très vite à leur dispute :

« Elle n'a pas disparu, elle s'est fait enlever… par un brigand… Je me souviens même de la robe qu'elle portait… »

Sudha laissa échapper un soupir et remit le cadre en place. Elle distribua ensuite les tartines beurrées une à une.

« Ma, est-ce que tu pourras aller chercher Maya à l'école ? Mon chauffeur doit emmener la voiture au garage, lui demanda son fils quand elle lui tendit sa tartine.

— Eh bien, c'est que… je vais déjeuner au Taj… au Maachan… avec tante Shama », répondit-elle d'une voix qu'elle-même trouvait trop forte.

Elle eut l'impression que les mots s'entrechoquaient, qu'ils rebondissaient sur les vieilles assiettes en porcelaine que sa mère lui avait offertes trente ans plus tôt, pour son mariage. Ils se heurtèrent ensuite au miroir et s'écrasèrent lamentablement sur la table autour de laquelle toute la famille était installée. L'oncle sénile, les tantes chicaneuses, la belle-mère qui espionnait les domestiques, son fils bien-aimé… ils s'étaient sûrement tous aperçus qu'elle mentait.

« Très bien, je peux t'y déposer, lui proposa son fils en lui adressant un sourire par-dessus son journal.

— Non, non, c'est gentil, mais j'y vais avec Shama. Elle va passer me prendre.

— D'accord. Alors Babu Ram pourra aller chercher Maya à l'école. »

Bravo ! Elle se retrouvait maintenant coincée, sans chauffeur ni voiture. C'était la première fois qu'elle mentait à sa famille. Les dieux n'avaient pas attendu pour la punir. Ils l'avaient immédiatement privée de ce bon vieux Babu Ram, son fidèle chauffeur qui l'avait suivie dans sa belle-famille le jour où elle s'était mariée, puisqu'il faisait partie de la dot. Les tantes s'étaient tues et posaient sur Sudha un regard étrange ; quant au vieil oncle, il avait l'air plus alerte qu'il ne l'avait jamais été au cours des dix dernières années. Sudha entreprit d'éplucher une orange qu'elle tendit ensuite à sa belle-mère. Celle-ci, détournant ses yeux d'aigle du jeune domestique, les braqua sur Sudha et refusa l'orange.

La vieille dame n'avait pas son pareil pour deviner les pensées des gens, et à cet instant précis, par ce beau matin d'hiver, alors que le soleil dardait ses rayons éclatants sur le jardin et que les pensées de Sudha bouillonnaient dans sa tête, elle avait compris que sa belle-fille était sur le point de basculer du côté des femmes perdues. C'est bien pour ça qu'autrefois on forçait les veuves à se raser la tête et s'habiller en blanc. Les anciens avaient établi cette règle parce qu'ils savaient parfaitement que le cœur d'une veuve continue à battre et risque de la trahir à tout instant. Un mot gentil, un regard furtif de la part d'un inconnu, et voilà qu'il s'enflammait à nouveau. Une veuve est comme une plante pas tout à fait morte, ses branches sont peut-être desséchées, mais la sève circule encore sous l'écorce. Quelques gouttes d'eau suffisent à lui redonner vie et à la faire refleurir.

« C'est seulement un déjeuner, pourquoi en faire toute une histoire ? Ta belle-famille vit encore au Moyen Age… » assena Shama d'un ton indifférent.

Elle laissa échapper un bâillement, puis demanda :

« Et puis d'abord, qui est-ce ? Quelqu'un que je connais ?

— Non, tu ne le connais pas. Il habite en France.

— Un Frenchie ? Génial !

— Non, un Indien. Ranjit Singh…

— Oh, je connais plusieurs Singh… Il fait partie du clan Kapurthala ? de la branche française de la famille ?

— Non, il vient de Karnal. »

Sudha fut confrontée à un silence pesant à l'autre bout de la ligne.

« Je ne connais aucun Ranjit Singh originaire de Karnal, finit par dire Shama d'un ton lourd de suspicion.

— Son père possède un magasin de vêtements… dans le bazar du marché de gros », s'empressa d'ajouter Sudha.

Autant donner toutes les informations tout de suite.

« Quoi ? Mon Dieu ! Mais qu'est-ce qui te prend ? Heureusement que tu m'as demandé de t'accompagner ! Ne dis rien et ne fais rien tant que je ne suis pas là », lui ordonna Shama avant de raccrocher.

Le déjeuner fut un désastre. Shama se montra d'abord très calme ; elle regardait Ranjit avec attention, les yeux plissés, puis lorsqu'il se mit à parler de plantes et d'arbres, elle perdit tout intérêt pour leur conversation et tripota les couverts posés sur la table. Ranjit essaya à plusieurs reprises de la faire participer à leur échange, mais elle l'ignorait et ne s'adressait qu'à Sudha, tout en jetant un œil à sa montre toutes les cinq minutes. Finalement, elle sortit son téléphone portable et entreprit d'envoyer des textos, non sans lancer des regards furtifs à son amie. Ranjit demanda alors l'addition.

Il sortit une carte Gold et la tendit au serveur. Shama examina son portefeuille avec curiosité, mais quand il tenta de lui adresser la parole, elle se détourna ostensiblement et se mit à raconter à Sudha comment s'était déroulée la soirée d'anniversaire d'une de leurs amies d'enfance. Sudha l'ignora et se tourna vers Ranjit, mais celui-ci semblait amusé par le récit de Shama et la regardait avec un sourire poli.

A la seconde où elles montèrent dans la voiture, Shama se mit à hurler sur son amie :

« Mais à quoi penses-tu ? C'est une chance que tu aies eu la présence d'esprit de me demander de t'accompagner. J'espère seulement qu'aucune de nos amies ne nous aura vues déjeuner au Machaan avec ce… Ranjit. Cet homme n'est qu'un parvenu de classe moyenne qui a réussi à se faire un peu d'argent en France. Et il est là, à faire le beau, à se prendre pour Omar Sharif ! Alors qu'il vient d'une école publique, ça se voit comme le nez au milieu de la figure. Sudha, tu as perdu la tête, qu'est-ce qui te prend de parler à des gens comme lui ? Quand tu m'as dit qu'il s'appelait Ranjit Singh, j'ai cru que tu parlais d'un cousin de Timmy ou de Bunny Singh. C'est un inconnu, il sort de nulle part. Karnal ! Qui vit encore à Karnal de nos jours ? » s'époumonait-elle en retirant ses lunettes de soleil.

Ses yeux lançaient des éclairs de colère.

« Eh bien, figure-toi que beaucoup de gens y habitent. J'ai déjà vu plein de monde là-bas, quand on y passe pour aller à Kasauli. Même le *shatabdi* s'y arrête. Il y a un lac pas loin, paraît-il, sur lequel on peut faire du bateau, répliqua Sudha. De toute façon, tu n'avais aucune raison de te montrer aussi grossière. Cet homme est mon ami.

— Sudha, tu l'as rencontré hier ! Et tu vois très bien ce que je veux dire. L'Inde compte plusieurs milliers d'habitants, et on ne déjeune pas avec tous ! Nous ne fréquentons que des gens comme nous. Des gens dont les parents connaissent nos parents, ou qui sont allés à l'école avec nous ou avec nos frères. Je n'arrive pas à croire que tu aies eu le culot de sortir avec cet homme qui ne sait même pas dire "petit-déjeuner" correctement. Je ne serais pas surprise d'apprendre qu'il se coiffe avec de l'huile de moutarde et qu'il crache du *paan* dans la rue. »

Sudha ne répondit rien. Elle regardait le paysage défiler derrière la vitre de la voiture. Un groupe de femmes travaillaient sur le trottoir, elles transportaient des briques sur leur tête. Elles discutaient, riaient, tout en s'échinant à soulever leurs lourdes charges ; elles s'aidaient les unes les autres pendant que leurs enfants jouaient dans la boue juste à côté d'elles. Un bébé dormait paisiblement dans un hamac de fortune, à l'ombre d'un jujubier. Sudha fut prise d'une envie soudaine de prendre l'air, de sortir de cette voiture à l'atmosphère saturée par le parfum de Shama.

« Arrêtez-vous, s'il vous plaît, j'aimerais descendre… J'ai envie de marcher », dit-elle au chauffeur.

Shama secoua la tête d'un air désolé.

« Fais comme bon te semble. Mais tu devrais te faire examiner par un médecin. J'espère que cet homme n'est pas dans les parages. Seigneur, moi qui croyais que les jardins de Lodi étaient un lieu sûr. Sudha, je t'en supplie, sois prudente », cria-t-elle à son amie lorsque celle-ci sauta sur le trottoir et claqua la portière.

Sudha se tint un instant devant l'entrée du parc. Le soleil de la fin d'après-midi était encore chaud, ses rayons dessinaient une mosaïque changeante sur le chemin. Elle ressentit un léger vertige tandis qu'elle marchait d'un pas vif en direction de la tombe octogonale. Deux jeunes filles la dépassèrent et elle entendit l'une d'elles déclarer : « Soit il est homosexuel, soit c'est un coureur de jupons, mais il ne peut pas être les deux à la fois. »

Les palmiers, telle une sentinelle au garde-à-vous, encadraient le vieux monument récemment nettoyé. Sudha préférait lorsque les murs étaient encore noirs de graffitis, mais elle était consciente que le monument était bien mieux ainsi. Elle savait également ce qui était mieux pour elle. Et entretenir un commerce avec cet étranger ne l'était pas. Ses enfants, sa belle-famille, ses parents, ses amis, ils seraient tous catastrophés si jamais elle se laissait aller à une telle folie. Sudha devait rester dans le droit chemin, comme toutes les autres veuves et célibataires de son âge, elle devait se comporter avec dignité : jouer au rami au club de quartier, aller à la mission Chinmaya avec sa belle-mère, déjeuner avec ses amies et s'amuser avec ses petits-enfants. Elle faisait désormais partie de la catégorie des femmes d'âge mûr et serait bientôt aussi vieille que les tantes. Elle passerait elle aussi ses journées assise à table, à se chamailler avec d'autres vieilles dames, à pinailler sur des histoires qui s'étaient déroulées un demi-siècle auparavant. Voilà ce que serait sa vie. Sudha se souvint d'avoir déjà entendu cette phrase, dans un film, et esquissa un sourire.

De toute façon, pourquoi se tracasser, Ranjit ne lui avait pas demandé de s'enfuir avec lui en France, ou quoi que ce soit d'aussi fou. Elle avait seulement déjeuné avec lui et accepté qu'il l'accompagne dans ses promenades. Ils n'avaient jamais parlé d'autre chose que de plantes et d'arbres. Il n'allait pas tarder à quitter l'Inde, et elle ne le reverrait plus jamais. Sa vie reprendrait son cours, un peu essoufflée et troublée peut-être, mais aussi normale, banale et morne qu'auparavant.

« Quel Lodi est enterré ici ? »

Le cœur de Sudha fit un bond. Elle se retourna. Elle ne s'attendait pas à le croiser là, à cette heure-ci, mais à l'instant où elle le vit, elle sut qu'elle avait espéré cette rencontre impromptue depuis le début.

« J'ai lu quelques ouvrages sur les Lodi, continua-t-il dans un sourire. C'étaient de vrais guerriers… un peu cruels sans doute, mais j'aime beaucoup leur architecture irrégulière et pourtant majestueuse.

— Je suis désolée. Pour le déjeuner… mon amie. Elle s'est montrée un peu… elle n'était pas… bafouilla Sudha sans oser le regarder.

— Oublions ça. Les bons amis sont toujours un peu trop protecteurs. Venez, laissez-moi faire étalage de mon tout récent savoir sur la dynastie des Lodi », enchaîna-t-il en lui frôlant le coude.

Ils firent le tour de la tombe d'un pas tranquille, et Ranjit attira son attention sur des caractéristiques architecturales qu'elle n'avait jamais remarquées auparavant. A cette heure de la journée, les promeneurs avaient déserté le parc, il ne restait plus que quelques jardiniers assoupis sous les rayons encore chauds du soleil hivernal. Les marcheurs habituels n'allaient pas tarder à arriver et elle risquait encore de croiser les femmes de son club de quartier. Elle s'en fichait. Elle leva les yeux vers Ranjit et lui sourit. Surpris, il lui rendit son sourire. Ils continuèrent à marcher en silence, puis Ranjit cueillit une fleur sur le bord du chemin et la lui offrit. Les pétales étaient fanés et ratatinés, mais lorsqu'elle la porta à son nez, le parfum entêtant du frangipanier pénétra jusque dans les pores de sa peau.

Sudha repoussa l'assiette de *barfi* et jeta un œil à sa montre. Il restait encore quatre heures à tuer avant l'heure de sa promenade. Elle pourrait peut-être aller faire un tour au marché Khan en attendant et chercher un livre sur Delhi qu'elle offrirait à Ranjit en cadeau d'adieu. Elle pourrait même écrire un petit mot amical, tout simple, à l'intérieur de la couverture. Une vague de tristesse la submergea à l'instant où elle s'imagina marcher seule dans les jardins de Lodi, admirer les monuments et se souvenir de ce que Ranjit lui avait raconté sur chacun d'eux.

« Tu ne manges rien en ce moment, quelque chose ne va pas ? Tu ne serais pas amoureuse, quand même ? » s'enquit sa belle-sœur en riant, la main tendue vers un autre *barfi*.

Les femmes s'étaient installées dans le jardin pour tricoter après le déjeuner. Dans une demi-heure, elles iraient faire la sieste dans la maison. Le jardinier les observait, assis sous le baldaquin de bougainvilliers. Il attendait qu'elles s'en aillent pour pouvoir lui aussi faire la sieste, à l'ombre des arbres.

Sudha regarda de nouveau sa montre. Il ne s'était pas écoulé plus de quinze minutes. Elle reprit son tricot et commença à défaire ce qu'elle avait fait la veille.

« Belle-Maman, vous voulez bien me passer la laine blanche, s'il vous plaît ? » lui demanda sa bru, une jeune femme dodue à la peau très claire.

Elle ne portait quasiment que du rose et du blanc, et ressemblait à une grosse boule de laine, avachie dans son fauteuil, un sourire paisible sur le visage. Sudha l'aimait beaucoup, sans avoir jamais vraiment discuté avec elle. Elle n'avait aucune idée de ce qui la rendait heureuse ou triste, ou même l'agaçait. Mais c'était une jeune femme polie, bien élevée, à la voix faible et au regard doux, et son fils avait l'air parfaitement satisfait de son épouse.

J'étais comme elle, moi aussi, dans ma jeunesse, songea Sudha. Jolie, posée et dodue, la belle-fille idéale. Et voilà ce que je suis devenue aujourd'hui, une femme d'âge mûr, maigre et insatisfaite, qui parle aux hommes dans les parcs et accepte de déjeuner avec un parfait inconnu dont la famille travaille dans la vente de vêtements en gros à Panipat.

Sudha jeta de nouveau un œil à sa montre. Une demi-heure à peine s'était écoulée. Elle se demanda ce que Ranjit pouvait bien être en train de faire. Connaissait-il des gens à Delhi, en dehors de ses relations d'affaires ? A quoi occupait-il ses soirées ? Restait-il assis dans sa chambre d'hôtel, à lire des livres sur la flore du pays ?

La tempête éclata deux semaines plus tard. Deux jours avant de rentrer en France, Ranjit proposa à Sudha de partir avec lui. Il ne l'avait pas demandée en mariage, il s'agissait seulement de passer des vacances en Europe en sa compagnie. Il voulait lui faire visiter les jardins de Versailles.

« Nous irons ensuite voir le jardin de Monet à Giverny, puis nous nous baladerons dans toute la France, en nous arrêtant dans des petits hôtels typiques. »

Elle le fixa, les yeux écarquillés. Qu'était-il donc en train de lui proposer ? Elle, partir en vacances avec un homme ? Un homme qui n'était ni son mari, ni son père, ni son frère. Voulait-il qu'ils dorment dans la même chambre ? Comment osait-il lui faire une telle proposition ? Sudha en aurait pleuré de colère. C'était de sa faute. Elle avait discuté avec un étranger, alors que toute sa vie sa mère n'avait cessé de lui répéter qu'il ne fallait pas parler aux inconnus. Mais elle avait désobéi. Et voilà qu'il lui demandait de devenir sa maîtresse.

« Nous trouverons des chambres bon marché si nous réservons tout de suite. Vous pouvez aussi proposer à votre amie Shama de nous accompagner, si vous voulez. Je possède une grande maison à la campagne », ajouta-t-il.

Alors il ne s'intéressait donc pas à elle ! Après tout, quoi de plus normal ? Elle avait cinquante-trois ans et plus rien d'une jolie jeune fille à la silhouette sexy. Il devait croiser de belles femmes à longueur de journée en France. Pourquoi se serait-il intéressé à la vieille dame ennuyeuse qu'elle était ? Une femme aux cheveux gris, avec des rides aux coins des yeux.

« Je ne sais pas, je dois d'abord demander à ma famille. Cela fait très longtemps que je ne suis pas partie en voyage, répondit-elle d'un ton qui se voulait décontracté et indifférent.

— Eh bien je vais vous raccompagner chez vous, ce sera l'occasion de faire leur connaissance, enfin, si ça ne vous dérange pas, évidemment. »

Les tantes braquèrent quatre paires d'yeux ronds sur Ranjit, tandis que l'oncle l'accueillit comme un vieil ami, lui tapotant la joue de temps à autre. La belle-sœur de Sudha le fixa, bouche bée, et sa belle-mère se contenta de plisser les yeux et de renifler l'air comme un fox-terrier. Son fils se montra poli mais froid. Quant à sa belle-fille, elle pouffa nerveusement lorsqu'il lui demanda ce qu'elle faisait dans la vie.

« Dans notre famille, les femmes se cantonnent à une seule tâche : donner des instructions aux domestiques pour la préparation du petit-déjeuner, du déjeuner, du thé et du dîner », intervint Sudha en riant.

Ranjit sourit, et la famille resserra les rangs. Elle les dévisageait tous les deux avec un mélange de peur et de suspicion, comme s'il s'agissait d'extraterrestres qui venaient d'atterrir dans leur salon.

Lentement mais sûrement, Ranjit parvint à séduire tous les membres de la famille. Avec l'habileté d'un général qui sait parfaitement ce que pensent ses ennemis, il commença par les plus hostiles. D'abord le fils de Sudha, à qui il posa plusieurs questions sur la Bourse avant de lancer une discussion sur les tendances financières actuelles. Puis il se tourna vers la belle-mère et lui demanda quel était son secret pour entretenir une si grande et belle maison, étant donné le comportement déplorable des domestiques de nos jours. Ce fut ensuite au tour des tantes, avec lesquelles il parla de vieilles chansons de films, allant même jusqu'à en fredonner une. Il se tourna enfin vers le vieil oncle et s'adressa à lui d'une voix douce et posée pour lui parler du temps qu'il faisait. A la belle-fille et la belle-sœur, il montra sa montre Cartier et son mouchoir assorti. Le temps que le soleil se couche et que le jardin s'assombrisse, la famille entière était sous son charme et discutait gaiement avec lui, comme s'il avait toujours été là.

En le voyant insuffler de nouveau de la vie dans ce vieux salon décrépit, Sudha prit sa décision. Elle irait en France avec lui. Et elle irait seule. Ils se promèneraient dans les célèbres jardins, mangeraient dans de bons restaurants, visiteraient tous les grands musées et les monuments anciens. Elle se devait bien ça. Les dieux lui avaient envoyé cet étranger par un beau matin d'hiver, et elle refusait de laisser passer cette chance unique. Elle voyagerait avec Ranjit, serait son amie, sa compagne, peu importe. Puis elle reviendrait et passerait le restant de sa vie assise à la table de la salle à manger. Elle vieillirait, deviendrait aussi chicaneuse que les tantes, sûrement aussi sénile que l'oncle, et comme lui se donnerait joyeusement des claques à longueur de journée. Elle voyait l'avenir avec plus de clarté désormais et sut que c'était ce qu'elle pouvait espérer de mieux. Alors elle s'offrirait au moins ces trente jours. Pour pouvoir envelopper ces souvenirs dorés autour de ses épaules comme un vieux châle et en respirer le parfum jusqu'à la fin de sa vie.

Trente jours de bonheur. Après cinquante-trois ans de sacrifice, ce n'était quand même pas trop demander ?

SURPRISE D'ANNIVERSAIRE

Madhu plia la chemise et la posa délicatement sur la pile de vêtements entassés sur le lit. Tout était revenu du pressing correctement plié, mais elle n'aimait pas cette façon de faire, le col était tellement tiré qu'il donnait l'impression de vouloir se détacher de la chemise. Madhu poussa un soupir et enleva le papier de soie pour rassembler les manches d'un geste énergique. Elle adorait plier les vêtements, mais pas autant qu'arranger des fleurs en bouquet ou découper des fruits en formes complexes. Toute la famille – pas seulement la sienne, celle de Jeevan également – admirait son savoir-faire dans tous les domaines domestiques. Elle était capable d'organiser un dîner pour vingt personnes en moins d'une heure ; de convaincre son cuisinier de ne jamais prendre de jours de congé ; de détecter le plus petit problème dans les comptes du foyer rien qu'en reniflant l'air de la cuisine ; et son jardin remportait le premier prix tous les ans.

Même sa belle-mère, pourtant reconnue comme une véritable impératrice en matière de gestion d'un foyer, admettait à contrecœur que « notre Madhu est une bonne maîtresse de maison, » non sans ajouter, à chaque fois : « Elle n'est pas très jolie, mais de nos jours, on ne peut pas tout avoir chez une belle-fille. »

Madhu esquissa un sourire. Elle était consciente de ne pas avoir un très joli visage, mais son mari, Jeevan, disait qu'elle était la compagne idéale. Elle le connaissait mieux qu'il ne se connaissait lui-même et pouvait terminer la plupart de ses phrases. Elle savait ce qu'il aimait ou détestait, ce qu'il voulait manger ou porter, où il fallait aller, qui fréquenter et qui éviter. Elle connaissait le fonctionnement de son entreprise dans les moindres détails et il lui demandait toujours conseil avant de prendre une décision. Oui, elle était son *ardhangini*, sa moitié, et il se demandait souvent ce qu'il ferait sans elle.

Aujourd'hui, c'était le cinquantième anniversaire de Madhu, et Jeevan l'avait emmenée dans cet endroit magnifique, Pattaya, afin qu'ils puissent fêter ça tous les deux, loin de la famille.

« Un peu comme un deuxième voyage de noces, ma chérie », lui avait-il glissé à la table du petit-déjeuner, avec un clin d'œil.

Sa mère l'avait surpris et elle avait affiché une grimace de désapprobation. Ses sœurs avaient seulement plissé les yeux, dévorées par la jalousie. Madhu avait quant à elle dissimulé son sourire et s'était contentée de continuer à étaler la confiture sans sucre sur la tartine de son époux.

En réalité, partir en voyage pour son cinquantième anniversaire était son idée. S'ils étaient restés à la maison, il aurait fallu qu'elle appelle la famille entière et organise tout toute seule. Elle aurait aimé n'inviter que ses deux filles et leurs maris, mais c'était impossible. La bienséance voulait qu'elle reçoive aussi les quatre sœurs de Jeevan, sa mère, sa tante célibataire qui vivait avec elle et tous ses neveux, sans quoi cela aurait déclenché un drame. Et puis il ne fallait pas non plus oublier ses trois sœurs et leur demi-douzaine d'enfants.

Alors, la semaine précédente, l'air de rien, elle avait commencé à parler d'une petite escapade. Tous les soirs, pendant qu'elle massait le crâne de Jeevan avec du baume du tigre avant qu'il ne s'endorme, elle en avait profité pour lui chuchoter d'un ton bienveillant :

« Tu as grand besoin de vacances, de prendre l'air. Tu travailles trop, il faut que tu te reposes un peu. »

L'idée qu'elle avait ainsi plantée dans sa tête avait germé comme une petite graine bien arrosée. Au bout de quelques jours, elle avait fleuri, et Jeevan avait annoncé :

« J'ai pensé que quelques jours de vacances nous feraient du bien. Qu'en dis-tu ? »

Madhu s'était montrée enchantée et l'avait félicité d'avoir su lire dans ses pensées.

« J'adorerais ça ! »

Le lendemain matin, elle avait laissé traîner quelques brochures à côté de la tasse de thé au citron de Jeevan, et ils étaient maintenant confortablement installés dans ce merveilleux hôtel en Thaïlande, dans une ville côtière du nom de Pattaya.

Cela n'avait pas été facile, surtout lorsque la belle-mère de Madhu avait annoncé qu'elle voulait venir avec eux et emmener sa sœur célibataire pour lui tenir compagnie, mais Madhu avait réussi à tuer le conflit dans l'œuf en disant qu'ils avaient vérifié et qu'il n'y avait plus une seule chambre libre dans tout l'hôtel.

Elle adorait cet endroit. Ce n'était que la troisième fois de sa vie qu'elle sortait du pays, et les deux fois précédentes, elle était allée à Londres, où il n'avait fait que pleuvoir et où les Anglais s'étaient montrés très peu accueillants. Mais elle ne leur en voulait pas… Là-bas, les rues grouillaient d'Indiens à l'air misérables. C'en était embarrassant. Madhu était convaincue que tous les Anglais la prenaient pour une de ces balayeuses d'aéroport, alors elle avait pris soin de porter ses plus beaux saris et ses plus gros diamants à chacune de leurs sorties. Son mari passait un mois à Londres tous les étés, pour aller voir les nouvelles montres, mais Madhu ne l'accompagnait plus. Elle préférait refuser à chaque fois que Jeevan le lui proposait, surtout que sa belle-mère insistait toujours pour y aller avec son fils. Le pauvre ! Il avait l'air tellement déçu quand elle refusait, il était incapable de se débrouiller sans elle, même une seule journée.

Cette ville côtière thaïlandaise était bien plus agréable que Londres. Ils n'étaient qu'à quatre heures d'avion de la maison, il y avait plein de jolis magasins, la nourriture était très épicée, et les gens gentils et accueillants ; ils souriaient tout le temps.

En seulement quelques jours, Jeevan avait pris la mauvaise habitude de distribuer des pourboires à tour de bras, surtout aux jeunes femmes.

« Les pauvres, elles sont si jolies », ne cessait-il de répéter.

Madhu s'avança jusqu'à la fenêtre et ouvrit les rideaux. Elle contempla la rue bondée en contrebas. Tous les soirs, les vendeurs de fleurs et les marchands de fruits exotiques s'installaient sur le trottoir. Elle aurait aimé descendre en acheter quelques-uns pour les goûter, mais elle ne savait pas si elle pouvait sortir seule en toute sécurité. Et puis, elle ne connaissait pas les rues. A la maison, le chauffeur savait toujours exactement où aller, sans même qu'on le lui dise.

Elle regarda une moto remonter la rue, dispersant la foule, pour s'arrêter bruyamment devant une maison avec une porte rouge. Une jeune fille vêtue d'un pantalon noir fluide et d'un tee-shirt rouge moulant sauta de l'engin et courut jusqu'à la porte. Elle n'adressa pas d'au revoir au conducteur, ne lui jeta même pas un regard, mais lorsqu'elle atteignit la porte, elle leva la tête et aperçut Madhu. Elle lui sourit. Un sourire qui ressemblait à une grimace de petite fille. Madhu, surprise, lui rendit son sourire et lui adressa un timide signe de la main.

Leur chambre donnait sur cette rue bruyante, derrière l'hôtel, constamment engorgée par la circulation et les gens qui entraient et sortaient de minuscules échoppes et cafés. La plupart d'entre eux étaient des étrangers, principalement des hommes, apparemment tous mariés à des Thaïlandaises.

« C'est bizarre qu'il y ait autant de Thaïlandaises mariées à des étrangers. Je me demande à quoi ressemblent leurs enfants », s'était interrogée Madhu à voix haute.

Jeevan avait répondu d'un simple éclat de rire.

Il n'était pas très satisfait de leur chambre, il aurait préféré avoir vue sur la mer, mais Madhu avait réussi à le convaincre que c'était tout aussi bien, et surtout moins cher.

« Quel intérêt y a-t-il à regarder la mer par la fenêtre ? Nous n'aurons qu'à aller à la plage », lui avait-elle dit lorsqu'ils avaient récupéré la clé à la réception.

Mais ils n'étaient pas encore allés à la plage, ni n'avaient fait un seul achat, alors qu'ils étaient là depuis déjà deux jours. La veille, Jeevan avait rencontré un vieil ami d'école et ils étaient allés faire le tour des magasins de montres.

« Rien que de la contrefaçon. Tu verrais comme ils imitent bien la forme et le dessin des originales, Madhu, c'est impressionnant. »

Jeevan avait l'air très excité et très content d'être ici, il n'était plus le même. Sa peau scintillait, on aurait pu croire qu'il s'enduisait d'huile, et ses yeux brillaient comme ceux d'un enfant. Ces vacances loin de la famille lui faisaient le plus grand bien. Aujourd'hui, son ami et lui étaient partis visiter une usine de montres. Lorsque Madhu lui avait demandé où vivait son ami d'enfance, Jeevan avait eu l'air très surpris :

« Pourquoi est-ce que tu me demandes ça ? Ici. Il vit ici. Je te l'ai dit hier. Il travaille dans l'horlogerie lui aussi, mais il s'inquiète de voir toutes ces contrefaçons envahir le marché, alors il a besoin de mes conseils. Comment pourrais-je refuser ? C'est un vieil ami. Ne t'inquiète pas, je vais m'arranger pour que nous puissions passer ton anniversaire rien que tous les deux demain », avait-il lancé en quittant précipitamment la chambre, sans lui laisser le temps de lui dire que son anniversaire, c'était aujourd'hui.

La famille de Jeevan possédait la plus ancienne horlogerie de Delhi. A l'époque du Raj, tous les Britanniques achetaient des montres à son grand-père. Ils avaient d'ailleurs accroché aux murs, sous cadres, toutes les factures et toutes les lettres de clients anglais – même celles des clients mécontents parce que leur montre ne fonctionnait pas.

Madhu vit d'autres jeunes filles arriver du coin de la rue et entrer dans la maison à la porte rouge. La fille au tee-shirt rouge sortit avec à la main un seau et une serpillière, et entreprit de nettoyer les marches de l'entrée. Elle s'interrompit au bout de quelques minutes pour lever la tête. Madhu lui sourit de nouveau et lui adressa un petit signe de la main. La jeune femme éclata de rire et lui fit signe de descendre, avant de désigner un seau de fleurs posé à côté de la porte. A cet instant, une autre moto s'arrêta devant la maison et deux filles en descendirent. Ce devait être une pension de jeunes filles. Mais pourquoi arrivaient-elles le matin ?

Madhu jeta un œil à sa montre. Il était presque midi. Jeevan prenait vraiment son temps à l'usine de montres. Ils avaient pourtant prévu d'aller se promener sur le marché aux fleurs. Il devait ensuite l'emmener dîner sur un petit bateau de croisière, sur la rivière, même si Madhu n'était pas certaine d'avoir envie de manger sur un bateau. Et si jamais l'eau qu'ils utilisaient pour cuisiner n'était pas propre ?

Jeevan avait également prévu un petit cadeau-surprise pour son épouse. Elle savait de quoi il s'agissait, évidemment, mais prétendrait le contraire. Jeevan se comportait souvent comme un enfant, il voulait toujours la surprendre, lui faire plaisir. C'était parfois un peu fatigant de devoir constamment feindre la surprise alors qu'elle savait à chaque fois à quoi s'attendre.

Où était-il ? Elle l'attendrait encore quinze minutes, puis, s'il n'était pas arrivé, l'appellerait sur son téléphone portable. Madhu se détourna de la fenêtre et fut étonnée de voir qu'il avait laissé son téléphone dans la chambre. « Que c'est agaçant ! » s'exclama-t-elle avant de s'allonger sur le lit. Etait-ce son imagination, ou Jeevan se conduisait-il de façon étrange ? Aurait-il oublié son anniversaire ? Comment était-ce possible ? Ils en avaient parlé hier encore et avaient choisi ensemble l'endroit où ils iraient déjeuner aujourd'hui. Pourquoi diable était-il parti avec ce stupide ami d'enfance ? Qu'il se débrouille, celui-là, avec ses montres contrefaites. Elle allait devoir se montrer un peu froide avec Jeevan quand il rentrerait, il était hors de question qu'elle accepte ce genre de comportement à ce stade de leur mariage. Ça lui avait pris des années pour que Jeevan se plie à ses exigences.

Ils étaient mariés depuis trente ans – leur trentième anniversaire de mariage tombait d'ailleurs la semaine suivante. Madhu n'avait gardé aucun souvenir du jour de son mariage, quand elle n'avait que vingt ans. Etait-elle alors aussi bonne maîtresse de maison qu'aujourd'hui ? Avait-elle organisé son propre mariage ? Sa mère ne lui avait jamais rien raconté, si ce n'est qu'elle était une étudiante brillante et aurait pu devenir avocate ou médecin. Mais ils lui avaient trouvé un bon époux et avaient préféré la marier au plus vite.

« C'est mieux que d'être avocate ou médecin, avait affirmé sa mère à l'époque, parce que les gens respectent bien plus les femmes mariées. »

Et c'était vrai. Mme Jeevan Rai inspirait le respect à tous ceux qu'elle croisait. Les vendeurs lui offraient un crédit illimité, les directeurs de banque se levaient pour l'accueillir, et lors des mariages, elle faisait partie des premières personnes à qui les jeunes mariés venaient présenter leurs respects – après les parents, évidemment.

Pourtant, arranger des fleurs, découper des fruits avec habileté, entretenir une belle maison dans laquelle les gens pouvaient toujours arriver à l'improviste et trouver des serviettes d'invités d'un blanc immaculé dans la salle de bains, être plus douée que toutes les autres épouses pour la cuisine, la pâtisserie, le tricot, la préparation des légumes en saumure, l'extermination des cafards et des souris, tout ça ne lui apportait plus la même satisfaction qu'autrefois.

Dans quelques heures, elle aurait cinquante ans. Sans trop savoir pourquoi, Madhu avait beaucoup réfléchi à sa vie ces dernières semaines. C'était bien la première fois que cela lui arrivait et cela lui procurait un sentiment étrange, elle avait l'impression de changer, de devenir une autre personne. Ces réflexions la perturbaient et elle faisait de son mieux pour les réprimer, mais en général elles la submergeaient au moment où elle s'y attendait le moins. Autrefois, ses seules préoccupations étaient de savoir qui voulait manger quoi pour le déjeuner, si elle devait commander du *dal* ou seulement un plat en sauce, quel domestique n'accomplissait pas ses tâches, si le *dhobi* avait rapporté les vêtements du pressing, si son gâteau allait remporter un prix au club de quartier. Rien que des pensées agréables, futiles et confortables, qui faisaient de ses journées des routes bien tracées et lui permettaient de s'endormir paisiblement tous les soirs.

Et voilà que depuis peu, à des moments tout à fait inopportuns, pendant qu'elle prenait son bain par exemple ou lorsqu'elle était sur le point de s'endormir, ces pensées incongrues lui venaient à l'esprit. Elles bourdonnaient à ses oreilles comme des insectes. Qui était-elle ? Qu'avait-elle fait de sa vie ? Qu'avait-elle réellement accompli ? De quoi avait-elle vraiment envie ?

Elle s'occupait de son mari, de ses filles, de sa belle-mère. Elle planifiait leurs vies. Ils étaient d'ailleurs incapables de se débrouiller sans elle, et c'était pour Madhu une immense satisfaction de savoir qu'ils dépendaient entièrement d'elle, qu'ils avaient besoin d'elle en permanence. Mais qui était la vraie Madhu ? Quel genre de personne était-elle ?

Cinquante années s'étaient écoulées en un claquement de doigts. Elle allait consacrer le temps qui lui restait à s'occuper d'elle, de ses envies. Mais était-ce vraiment ce qu'elle voulait ? En avait-elle autant besoin que les autres avaient besoin d'elle ? Elle n'avait aucune idée de ce qu'elle ferait si elle n'avait pas à s'occuper de la maison et de tous ces gens.

C'était totalement idiot de penser à ça. Toutes ces réflexions lui donnaient le vertige et de terribles maux de tête. Mais c'était aussi terrifiant, elle avait l'impression que le sol tremblait sous ses pieds. Elle ne se laisserait plus emporter par des idées de ce genre. Elle était Madhu, celle qui était douée en tout, celle qui faisait les meilleurs gâteaux et dont les chrysanthèmes avaient encore remporté le premier prix cette année. Elle était aussi l'épouse bien-aimée de Jeevan, qui n'allait pas tarder à rentrer. Elle allait donc se rafraîchir le visage, se recoiffer, mettre du rouge à lèvres et enfiler un joli sari.

Il devait faire chaud dehors, car les jeunes filles portaient toutes des shorts aussi courts que ceux des écoliers. Madhu porta donc son choix sur son sari en tulle rose, celui avec les pampilles dorées. Son vieux collier de perles ferait l'affaire. Jeevan lui avait acheté un énorme collier en or avec un horrible pendentif, une sorte de grappe de diamants…

une autre de ces surprises ennuyeuses, bien cachée au fond de sa valise, prête à la surprendre ce soir. Elle l'avait vu ce matin, pendant que Jeevan prenait sa douche, et ce collier ne lui plaisait pas. Mais elle allait quand même s'émerveiller en ouvrant le paquet et lui dire qu'elle le trouvait ravissant, que c'était exactement le genre de collier qu'elle désirait. Parce que cela faisait aussi partie de ses responsabilités.

Madhu regarda son sari rose pendu dans l'armoire entrouverte, le foulard assorti qui virevoltait, porté par la brise que soufflait le climatiseur, et tendit la main. Une vague de lassitude l'envahit, et elle s'allongea sur le lit. Le bruit de la circulation, assourdi par le double vitrage, produisait une sorte de grognement sourd à l'extérieur, et Madhu ne tarda pas à sombrer dans un profond sommeil.

Il faisait nuit lorsqu'elle se réveilla. Elle se dépêcha de se lever et jeta un œil à sa montre. Il était vingt et une heures ! Madhu avait dormi pendant huit heures. Une peur panique s'empara d'elle. Elle balaya la pièce du regard. Jeevan n'était toujours pas rentré. Comment avait-elle pu dormir aussi longtemps ? Elle alla jusqu'au téléphone et chercha le numéro de la réception. Personne ne répondit. Elle se rassit sur le lit. Sa tête était lourde, elle avait envie de se recoucher mais se força à se lever et se dirigea vers l'armoire. Elle en sortit un sari, pas celui en tulle rose mais un de voyage tout simple, l'enfila, attrapa son sac à main et sortit en trombe.

Le hall d'entrée fourmillait de touristes allemands. Rien que des hommes, dont la plupart avaient les cheveux blancs et le visage ridé. L'un d'eux s'inclina devant elle et lui sourit. Madhu fronça les sourcils et le contourna pour atteindre le guichet où une charmante jeune femme thaïlandaise leva les yeux vers elle en souriant. Madhu n'avait aucune idée de ce qu'elle voulait lui demander. Comment cette jeune femme aux longs cils noirs et aux lèvres roses aurait-elle pu savoir où était son mari ? Madhu préféra donc lui demander si elle savait où se trouvait le magasin de montres le plus proche. La réceptionniste, un sourire toujours accroché sur le visage, lui répondit :

« Non, pas de magasin de montres. Pas de magasin de montres ici, madame. »

Madhu hocha la tête et s'éloigna. Le vieil Allemand – peut-être était-il suédois ou finlandais, enfin, cet homme venu d'un quelconque pays de Blancs – la guettait, à demi caché derrière un pilier. Il lui faisait des signes étranges avec les mains et secouait la tête. Madhu détourna les yeux. La rue, éclairée par des guirlandes d'ampoules multicolores, grouillait de monde. Madhu entendait la musique retentir et des rires fuser par moments, alors qu'elle n'était même pas encore sortie de l'hôtel. Pour la première fois de sa vie, elle se sentit perdue et sans défense.

D'un seul coup, elle eut l'impression de sombrer. Cette femme d'habitude si dynamique, capable d'affronter tous les obstacles qu'elle rencontrait, fut prise d'une envie soudaine de s'asseoir par terre et de pleurer. Elle devait absolument se reprendre. Jeevan allait bien et ne tarderait pas à rentrer. Il était allé voir des montres et avait perdu la notion du temps. Madhu se força à sourire à sa propre plaisanterie. Il savait très bien que c'était son anniversaire et qu'elle devait s'inquiéter. Il était parti depuis presque neuf heures mais allait forcément revenir d'un moment à l'autre. Jeevan était son mari. Il dépendait d'elle. Il avait besoin d'elle. Madhu tenta de retrouver son calme, mais une nouvelle vague d'angoisse s'abattit sur elle. Que ferait-elle si jamais il ne revenait pas ? Qui pouvait-elle appeler ? Tout ça ne serait jamais arrivé s'ils étaient restés à la maison… Là-bas, tout le monde savait où vous étiez, et inversement, à tout moment de la journée. A Delhi, il lui aurait suffi de décrocher le téléphone et d'en parler au commissaire de police, qui était aussi un ami, mais dans ce pays étranger, c'était totalement impossible.

Madhu se vit alors devenir de plus en plus petite, pas plus grande qu'une souris en cage, de celles qui courent toute la journée dans des roues en plastique. Elle était incapable de se débrouiller en dehors des limites de son monde, loin de son cercle de parents admiratifs, de ses domestiques bien dociles et de son mari obéissant. Ici, elle ne savait plus quoi faire, qui appeler à l'aide, à qui donner des ordres. L'ambassade ! Elle pouvait peut-être appeler l'ambassade si jamais il n'était toujours pas rentré à minuit. Non, il allait rentrer. C'était son anniversaire aujourd'hui, et il était son mari.

Et si jamais il avait été victime d'un accident et était, en ce moment même, allongé sur un lit d'hôpital, entouré de Thaïlandais, incapable de parler au personnel, de leur dire qui il était ? Il fallait absolument qu'elle le retrouve, il était perdu sans elle.

Madhu était maintenant malade d'inquiétude. Elle aurait aimé retourner dans sa chambre, mais le vieil homme blanc au sourire malsain se tenait juste à côté de l'ascenseur. Elle préféra s'asseoir sur le canapé, près de la porte d'entrée, et regarda la rue à travers la porte en verre. De nuit, la maison à la porte rouge n'avait plus du tout le même aspect. A cause du gros néon bleu qui clignotait sur la façade, les murs avaient l'air bleus et la porte violette. Des gens, principalement des hommes, étaient attroupés devant l'entrée.

Madhu vit sortir la jeune femme au tee-shirt rouge. C'était vraiment étrange que le seul visage qui lui soit familier ici soit celui de cette fille qu'elle n'avait aperçue que deux fois. Madhu se leva et tenta d'attirer son attention. La jeune femme la regarda, lui adressa un signe de la main droite et désigna le bouquet de fleurs qu'elle tenait dans la gauche. Madhu se décida à sortir pour aller lui parler, elle pourrait peut-être même lui acheter des fleurs. Ce serait une bonne manière de passer le temps, de se changer les idées en attendant que Jeevan revienne. Il n'y avait rien à craindre. Elle n'avait qu'à traverser la rue.

A l'instant précis où Madhu allait franchir la porte de l'hôtel, la réceptionniste s'approcha d'elle :

« Un appel pour vous. Votre mari. »

Madhu courut presque pour se rendre au guichet et s'empara du combiné qu'on lui tendait. Il sentait le jasmin.

« Madhu, Madhu… » entendit-elle chuchoter à l'autre bout du fil.

Jeevan avait une voix bizarre, comme s'il avait mal à la gorge.

« Jeevan, où es-tu ? Je t'ai attendu toute la journée ! s'exclama-t-elle d'un ton qui était passé de l'angoisse à la colère à la seconde où elle avait entendu sa voix.

— Ecoute, je suis dans un sale pétrin. Je ne peux pas te parler. Apporte-moi de l'argent, s'il te plaît, mille dollars, au Honey Rose Beer Bar, derrière l'hôtel. Quelqu'un viendra à ta rencontre. Apporte du liquide. Il y en a dans ma valise noire. Le collier… prends-le aussi. N'en parle à personne. Je t'en supplie, Madhu, fais vite », et il raccrocha.

Madhu resta immobile devant le guichet, la main serrée sur le combiné. Le parfum de jasmin l'enveloppa avant de se reposer lentement sur le guichet étincelant. La jolie réceptionniste thaïlandaise lui sourit et hocha la tête. L'Allemand disparut dans l'ascenseur, sans cesser de lui sourire et de lui faire des signes de la main.

L'air chaud et humide enveloppa Madhu lorsqu'elle sortit de l'hôtel. La rue était bondée de voitures, de pousse-pousse et d'une foule de gens vêtus de chemises à fleurs. Elle traversa la rue sans regarder, derrière des femmes aux bras chargés de fleurs rouges et jaunes. Les voitures klaxonnèrent et les femmes se contentèrent de rire et de secouer leurs bouquets. Des fleurs qui ressemblaient beaucoup aux lis géants qui poussaient dans le jardin de Madhu, à la maison, mais elle était incapable de se souvenir de leur nom. Elle serra le sac plein de billets sous son bras et sentit sa transpiration mouiller le cuir dans cette chaleur étouffante.

Trouver le Honey Rose Beer Bar ne fut pas très compliqué. L'enseigne en néon rouge tranchait nettement dans l'obscurité. Un groupe de touristes occidentaux se tenaient devant le porche. Ils portaient tous des shorts en toile et des guirlandes de fleurs autour du cou. Certains d'entre eux lui firent des sourires et l'apostrophèrent. Madhu attendit un peu à l'écart, elle se sentait nue et vulnérable dans son sari et son corsage à manches longues. Une jeune fille s'approcha d'elle, la prit par la main et l'emmena jusqu'à une autre porte, sur le côté du bâtiment, là où les marchands des rues faisaient frire du poisson. La jeune fille leur lança quelques mots et ils éclatèrent tous de rire, les yeux rivés sur Madhu. Puis la jeune Thaïlandaise appuya sur une sonnette à l'effigie d'un bouddha souriant. Madhu fronça les sourcils. Sa peur se transformait en colère. Ça ne se faisait pas d'appuyer ainsi sur le visage de Bouddha, c'était un terrible manque de respect, et cela portait certainement malheur. La porte s'ouvrit dans la seconde. Il faisait très sombre à l'intérieur, mais Madhu entendait des gens discuter et rire. Quelque part au fond du bar, quelqu'un chantait d'une voix aiguë. A mesure que ses yeux s'habituaient à l'obscurité, elle commença à distinguer les filles. Elles couraient dans tous les sens, complètement nues en dehors d'une ceinture à paillettes autour de la taille. Madhu écarquilla des yeux horrifiés, puis fut prise d'une envie soudaine d'éclater de rire. Les mains tremblantes, elle se couvrit la bouche pour réprimer son gloussement. Surtout, ne pas devenir hystérique, se répéta-t-elle en regardant les filles papillonner d'une table à l'autre.

C'était donc ça. Une maison de passe. Jeevan, son cher Jeevan, était venu ici pour voir des filles. Ils étaient mariés depuis trente ans, et jamais Madhu n'aurait pensé que son mari était le genre d'homme à fréquenter ces endroits-là. La moitié de sa vie s'était écoulée, et c'est précisément ce jour-là, le jour de son anniversaire, qu'elle découvrait cet immonde secret. Jeevan l'avait punie, le jour de son anniversaire. C'était comme un mauvais cadeau qu'elle était forcée de regarder bien en face. En tout cas, pour une surprise, c'en était une.

Une fille l'aborda et lui posa une question. Madhu n'entendit pas ce qu'elle lui disait et recula d'un pas.

« A boire ? Vous voulez quelque chose à boire, madame ? »

Madhu refusa d'un signe de tête. La fille haussa les épaules avec grossièreté et s'en alla. Madhu remarqua alors qu'elle n'était pas nue, mais portait une combinaison transparente, une sorte de babygros pour adulte. Sauf que la sienne était si moulante qu'on devinait ses côtes et ses tout petits seins. Elle ne devait pas avoir plus de quinze ou seize ans.

Madhu la regarda passer de table en table pour proposer à boire, rire quand les hommes lui pinçaient les fesses ou lui tripotaient les seins. Madhu ne savait pas si elle devait demander à voir quelqu'un ou se contenter d'attendre. Jeevan lui avait dit que quelqu'un viendrait à sa rencontre. Pourquoi devait-il tout cet argent ? C'était tout ce qui leur restait pour leurs vacances ! La réponse lui vint naturellement, en jetant un œil autour d'elle. Il avait payé pour avoir ces filles… Elle essaya de ne pas penser à ce qui pouvait être en train d'arriver à Jeevan. Et tandis qu'elle le cherchait du regard dans cette pièce sombre à l'air vicié, une puissante colère l'envahit, repoussant ses craintes et sa pitié.

« Bien fait pour lui, ce n'est qu'un vieil imbécile. Se comporter comme ça, à son âge ! » dit-elle à voix haute, et elle se sentit soudain plus calme.

Elle se glissa derrière un pilier et examina plus précisément ce qui se passait dans ce bar. Au fond, sur une scène, des filles dansaient d'un air alangui, avec des gestes lents, comme si elles n'étaient pas vraiment là, mais dans une sorte de lointain pays des rêves. Madhu fut surprise de voir un groupe d'Indiens les applaudir et rire bruyamment. Elle savait qu'ils étaient indiens parce qu'elle les entendait s'interpeller et faire des commentaires déplacés sur les danseuses. Elle aurait voulu les gifler, mais resta pétrifiée. Dans quoi Jeevan s'était-il embarqué ? Elle n'aurait jamais dû le laisser sortir seul avec ce soi-disant ami d'école. A la maison, elle faisait en sorte qu'il ne fréquente que des gens qu'elle connaissait et appréciait, des gens bien élevés, issus d'un bon milieu et instruits. Des gens dont les pères et grands-pères connaissaient le père et le grand-père de Jeevan.

A cet instant, une jeune femme en robe à fleurs s'approcha de Madhu. Ce n'est que lorsqu'elle fut à sa hauteur que Madhu se rendit compte qu'il s'agissait d'un homme. Il s'arrêta juste à côté d'elle ; son visage scintillait sous la lumière tamisée.

« Bonsoir, madame, tout va bien ? » s'enquit-il en la saluant d'un signe de tête.

Il n'était ni thaïlandais, ni indien, ni européen. Il avait le teint jaunâtre, de longs cils de femme et portait du rouge à lèvres carmin. Madhu sentit une profonde inquiétude s'insinuer en elle.

« Il me semble que vous avez quelque chose pour moi. Un joli cadeau de la part de votre mari, siffla-t-il sans se départir de son sourire.

— Où est-il ? Où est mon mari ? » l'interrogea Madhu, surprise par la fermeté de sa propre voix.

Elle allait surmonter cette terrible épreuve. Elle s'en sentait tout à fait capable. Tout allait bien se passer.

« Votre mari est en bonne compagnie. C'est un sacré fêtard, vous savez ! Mais il est malencontreusement tombé dans les escaliers et s'est cassé les jambes. Nous nous sommes occupés de lui », répondit l'homme en tendant les mains.

Il portait du vernis à ongles rouge vif.

« Puis-je avoir le cadeau, s'il vous plaît ? Regardez, votre mari est assis sur une chaise, là-bas, il profite des distractions de notre club. Il est si jeune d'esprit, ce vieux brigand », ajouta-t-il en riant.

Madhu tourna la tête vers le coin que lui indiquait l'homme. Jeevan était assis sur une chaise, la tête en arrière, les deux jambes enserrées dans des bandages. Une fille était installée sur ses genoux. Elle avait l'air très jeune et très lasse.

Les jours suivants s'écoulèrent comme dans un épais brouillard. Madhu fit admettre Jeevan à l'hôpital. Il avait les deux jambes fracturées et de mauvaises coupures sur le visage. Il ne pouvait plus voir que d'un œil parce que l'autre était trop enflé. Il refusait de parler et gardait les yeux rivés sur le paysage, de l'autre côté de la fenêtre, à chaque fois qu'elle venait le voir. Des larmes coulaient constamment de son œil intact.

« Dis-moi ce qui s'est passé. Où est ton ami d'enfance ? Comment es-tu tombé dans les escaliers ? Est-ce qu'on t'a battu ? » ne cessait-elle de lui demander, mais il se contentait de la regarder sans rien dire, les yeux écarquillés.

Madhu passait ses journées seule, assise dans la chambre d'hôtel, à regarder la rue en contrebas. Toutes sortes de pensées horribles qu'elle tentait en vain de repousser l'assaillaient par vagues et l'assommaient complètement. Tous les matins, elle apercevait la jeune femme en tee-shirt rouge, et un jour, sur un coup de tête, elle décida d'aller lui parler. Sans savoir pourquoi, elle ressentait le besoin irrépressible d'entendre sa voix. La jeune femme fut surprise de la voir.

« Vous parlez anglais ? » s'enquit Madhu.

La fille leva les yeux vers elle et hocha la tête.

« Un peu. *Thoda, thoda* », répondit-elle en riant.

Elle n'était pas aussi jolie que les autres Thaïlandaises que Madhu avait vues jusqu'à maintenant. Son visage était plat, comme celui des paysans, ses bras épais et ses mains calleuses. Elle s'appelait Soumai et vivait dans un village situé à une heure de Pattaya.

Madhu prit l'habitude de s'asseoir avec elle tous les après-midi, pendant que Jeevan dormait dans sa chambre d'hôpital, abruti par les médicaments. Il arrivait parfois que d'autres filles sortent de la maison et s'installent avec elles. Petit à petit, Madhu finit par tout savoir de leurs vies. Soumai n'était pas une fille de joie, contrairement aux autres. Elle s'occupait du ménage, de la lessive et du repassage dans la maison. Les filles travaillaient un jour sur deux, alors leurs pères et leurs frères les déposaient devant la maison le matin et revenaient les chercher le lendemain après-midi.

« C'est très fatigant de danser tout le temps. Les hommes veulent des filles souriantes, joyeuses, pas des filles fatiguées », lui expliqua l'une d'elles.

Celle-ci avait un jeune fils. Il allait dans une bonne école et avait d'excellents résultats.

Lorsque les filles étaient toutes assises en cercle dans la véranda, devant le bar, en tee-shirts et shorts froissés, elles ressemblaient à des écolières. D'ailleurs, c'étaient bien des écolières, mais elles ne mettaient plus les pieds à l'école depuis très longtemps.

« Pourquoi tu portes ce gros point rouge ? Et tous ces bracelets en or ? Et tous ces diamants ?

C'est pas très sûr par ici », lui dirent-elles un jour, pendant qu'elles essayaient ses *bindi* autocollants.

« Tu es vraiment jolie, madame, les Blancs aiment beaucoup les beautés sombres, comme toi », ajoutèrent-elles en lui piquant des fleurs en plastique dans les cheveux.

C'était la première fois de sa vie que Madhu s'entendait dire qu'elle était jolie.

Madhu était souvent surprise de la facilité avec laquelle les jeunes femmes se livraient à elle, cette parfaite inconnue venue d'un autre pays, et de voir à quel point elle-même se sentait bien parmi ces filles de petite vertu. Elles lui parlaient de leur famille, de leurs maladies d'enfance. L'une d'elles, une fille frêle aux yeux de biche, alla jusqu'à lui montrer sa cicatrice d'appendicite.

« C'est un Allemand qui a payé pour l'opération. Les Allemands sont très gentils, ils dépensent beaucoup d'argent pour nous. Il a aussi donné pour mon mari et pour mon frère. Il leur a donné des motos et des montres. »

Soumai se faisait constamment taquiner par les autres filles, alors un jour Madhu demanda pourquoi.

« Elle est amoureuse d'un Indien. Un bel Indien à la peau claire, qui vit à Bombay », lui expliqua une fille avec un doux sourire de guingois, qui s'appelait Mayhee, ou quelque chose comme ça, un prénom que Madhu n'arrivait pas à prononcer.

Soumai leva des yeux timides puis sortit un portefeuille de sa poche et montra à Madhu une minuscule photo d'identité. Un garçon avec un gros nez et de tout petits yeux souriait de toutes ses dents face à l'objectif.

« Il s'appelle Samir. Il va bientôt venir et m'épouser », dit-elle avant d'éclater de rire.

Les autres filles lui sautèrent dessus et elles chahutèrent comme des chiots. Elles pouffaient, riaient fort.

Madhu était stupéfaite de les voir si joyeuses malgré leurs conditions de vie abominables. Elles se vendaient toutes les nuits à qui voulait bien payer le prix. Elles étaient les filles, les épouses, et même les mères d'autres hommes, mais peu importait. Elles n'étaient rien pour personne. Madhu n'en dormait plus la nuit. Elle pensait tout le temps à ces jeunes filles. Et si sa vie avait été la même ? Si les dieux l'avaient fait naître ici, où elle n'aurait eu ni famille, ni foyer, où personne n'aurait eu besoin d'elle en dehors d'une poignée de clients ?

Mais, après tout, sa vie était-elle si différente de la leur ? N'avait-elle pas été, en quelque sorte, vendue à Jeevan et sa famille ? Avait-elle une identité bien à elle ? On la respectait, elle avait de l'argent à la banque, une immense demeure, tout le monde admirait ses compétences et avait besoin d'elle. Cela aurait dû lui suffire. Mais au fond, qui était-elle ? Qui était Madhu ? Qui était Mayhee, la fille au doux sourire de guingois ? Qui était Soumai, aux mains calleuses ?

Au bout de quinze jours, Jeevan fut autorisé à quitter l'hôpital. Le lendemain de l'incident, Madhu avait téléphoné à la maison, demandé qu'on leur envoie de l'argent et expliqué qu'ils allaient rester un peu plus longtemps que prévu. Personne n'avait posé de question. Ils avaient l'habitude que Madhu prenne toutes les décisions, quelles que soient les circonstances. Madhu et son mari rentrèrent à l'hôtel pour faire leurs valises. Jeevan avait maigri et il avait toujours au fond des yeux cet air stupéfait. Il avait beaucoup vieilli au cours des vingt derniers jours.

« Tu as oublié mon anniversaire, mon chéri. C'est la première fois en trente ans, lança Madhu pendant qu'ils emballaient leurs affaires.

— Vraiment ? Je suis désolé. Je sais que je l'ai oublié. Je suis désolé. Je suis désolé pour tout ce qui s'est passé. Je n'aurais jamais pensé qu'ils… » Il éclata en sanglots.

Madhu abandonna sa valise et s'approcha de lui.

« Oublions tout ça. Tu vas bien maintenant, et nous rentrons à la maison aujourd'hui. Tu seras bientôt chez toi. »

Madhu lui tapotait le dos comme elle l'aurait fait à un enfant qui se serait égratigné le genou et serait venu chercher réconfort auprès d'elle. Elle aurait aimé pouvoir lui dire : « J'espère que tu retiendras la leçon, espèce de vieil imbécile », mais pensa que cela pourrait attendre que Jeevan ait repris des forces.

Elle s'occuperait de lui, comme elle l'avait toujours fait, tout en sachant que leur vie ne serait plus jamais la même. L'ombre de ces horribles vacances planerait en permanence au-dessus de leurs têtes. Madhu ne serait plus jamais la même, elle non plus. Elle avait l'impression qu'on avait sorti son cerveau de son crâne, puis qu'on l'avait remis à sa place, mais qu'il n'était plus du tout comme avant. Elle ne savait pas encore qui elle serait désormais, mais elle ne serait plus la Madhu d'autrefois. Ce séjour en Thaïlande lui avait offert un aperçu d'une autre vie, au moment précis où elle grimpait un nouvel échelon dans sa propre existence. D'un seul coup, elle sentait des centaines d'autres mondes graviter autour d'elle, tous très différents de celui qu'elle connaissait, et l'un d'eux était entré en collision avec le sien. Il avait laissé une trace indélébile.

« Viens, allons-y », lança-t-elle en tentant de dissimuler la colère dans sa voix tandis qu'elle aidait Jeevan à se lever de sa chaise.

Elle jeta un œil par la fenêtre, juste avant qu'ils ne quittent la chambre, mais les marches de la maison étaient vides. La nuit tombait et les filles, ces petits papillons de nuit, étaient déjà en train de danser.

DILEMME

Nimmi prit la salière et la tendit à son mari. Il inspecta l'objet sous tous les angles, enleva ses lunettes et l'examina avec encore plus d'attention.

« Elle a besoin d'être nettoyée », assena-t-il avant de la reposer sur la table.

Ils continuèrent à manger dans un silence religieux. On entendait seulement le craquement que produisait le toast de Mohan sous sa dent. Personne ne parlait, pour la simple raison que Mohan détestait que l'on discute pendant le petit-déjeuner. Tant qu'il n'avait pas terminé ses œufs au plat, ses toasts à la confiture d'orange amère, et bu sa dernière tasse de thé, il ne voulait pas entendre la moindre conversation.

Ils attendaient tous… Nimmi, la mère de Mohan, le chien. Le chien était d'ailleurs toujours le premier à qui il adressait la parole.

« Une petite promenade, mon chien ? » lança-t-il, les yeux brillants.

Puis il se tourna vers sa mère :

« Tu as bien dormi, Ma ? »

Venait ensuite le tour de Nimmi. Ils étaient mariés depuis trente ans, mais aujourd'hui encore une boule de panique lui pesait sur l'estomac à chaque fois qu'il posait ses yeux globuleux sur elle.

« N'oublie pas que l'argenterie doit être polie régulièrement, sinon elle noircit », professa-t-il avant de hocher la tête en direction de Jano, leur domestique, qui l'attendait près de la porte pour lui donner son manteau, son chapeau et sa canne.

Mohan quitta la table et la contourna pour aller aider sa mère à se lever de sa chaise. Nimmi resta assise en silence, à les regarder faire. Elle n'intervenait jamais dans ce petit rituel quotidien, puisque ni la mère ni le fils n'auraient apprécié son aide et qu'ils préféraient qu'elle ne s'en mêle pas.

Elle saisit la salière ternie par le temps, la posa à côté du poivrier et se demanda pourquoi celui-ci était moins terne. Le poivre avait-il des propriétés cachées qui empêchaient l'argenterie de noircir ? C'était peut-être seulement un hasard, comme ces femmes qui vieillissent bien tandis que d'autres sont toutes fripées dès quarante ans.

Nimmi admira le jardin à travers la fenêtre.

Aujourd'hui, elle avait cinquante ans.

Elle était née un demi-siècle plus tôt dans une petite ville du nom de Koti, sur les contreforts de la montagne, à deux heures de Simla. Son père était un riche propriétaire terrien et sa mère une femme au foyer, comme la majorité des femmes de sa génération – si ce n'est une cousine de la famille partie vivre à l'étranger et devenue avocate. Mais personne n'en parlait jamais, et si son nom surgissait parfois dans la conversation, tout le monde se mettait à soupirer et à se lamenter, « la pauvre, elle ne s'est jamais mariée ».

A la naissance de Nimmi, sa mère fut tellement surprise qu'elle ne s'en remit jamais complètement. Nimmi était en effet la première fille après quatre fils. A chaque fois qu'elle la voyait, elle s'exclamait :

« Mais d'où vient donc cette fille ? Si grande et si mate de peau. Qui va bien vouloir l'épouser ? »

Puis elle se tournait vers son mari :

« Tu m'écoutes ? Tu ferais bien de lui préparer une bonne dot. On dit que plus la fille a la peau sombre, plus elle doit apporter d'or. Et puis, étant donné sa taille, nous allons sûrement être obligés d'y ajouter une maison et une voiture. »

Tout le monde fut stupéfait lorsqu'elle épousa Mohan, fils unique de Khemchand Khanna, l'homme le plus riche de toute la région de Simla. Sa famille possédait des vergers de pommiers, des usines de glace, plusieurs boutiques et même un cinéma, le Paradise Talkies, dans le centre commercial.

« Ce garçon est peut-être alcoolique », avaient cancané les vieilles tantes au moment où la procession était entrée dans le temple.

Le père de Nimmi lui avait offert un mariage grandiose mais une dot plus petite, puisqu'elle épousait le fils d'une famille très riche. Ses fils auraient bien besoin de l'argent ainsi économisé. La mère de Mohan ne le lui pardonna jamais :

« Elle n'a rien apporté avec elle. Pas même une voiture pour Mohan ou un nouveau collier de perles pour moi », se plaignait-elle, les doigts posés sur son vieux collier en perles naturelles, à chaque fois que des parents leur rendaient visite.

Nimmi était mariée depuis trente ans, et pendant ces trente longues années, chaque matin, elle s'était assise à la table du petit-déjeuner et avait regardé sa belle-mère beurrer le toast de son mari avant de le découper en petits morceaux. Une seule chose avait changé, la couleur du pain. Le pain complet avait remplacé le pain blanc depuis que les médecins avaient diagnostiqué un taux de cholestérol trop élevé chez Mohan.

Nimmi avait le sentiment qu'il ne lui était rien arrivé au cours de ces cinquante dernières années. Elle était seulement passée de la maison de son père à celle de son mari. D'aussi loin qu'elle se souvienne, elle avait toujours entendu son père et ses frères parler de politique, de guerres de territoire et de fusils, et elle devait maintenant écouter Mohan raconter les mêmes choses d'une voix plus forte. Leur seul enfant, un fils, vivait à l'étranger avec sa famille, et elle ne voyait ses petits-enfants que sur un écran d'ordinateur. Ils lui disaient bonjour une fois par semaine, par l'intermédiaire de Skype.

Si elle tombait morte, là tout de suite, sur la table du petit-déjeuner, entourée de salières ternies, personne ne s'en apercevrait avant plusieurs semaines. Sa belle-mère mettrait sa mort soudaine sur le compte de sa dot trop peu fournie, et Mohan lui en voudrait d'avoir mis le bazar dans la salle à manger.

« Pourquoi n'est-elle pas morte dans un lit d'hôpital, comme tout le monde, au lieu de s'écrouler sur la table, comme ça ? » s'indignerait-il, et les pauvres domestiques seraient obligés de tout ranger de nouveau.

Mohan aimait que tout corresponde exactement à ses désirs. Un centimètre en plus, un milligramme en trop, un rien suffisait à le contrarier. Le mobilier de leur immense maison avait été disposé selon ses souhaits, et si par mégarde quelqu'un déplaçait une table ou une chaise, il entrait dans une colère noire.

« Cette chaise doit être ici ! » hurlait-il en frappant le sol avec sa canne.

Fort heureusement, les domestiques étaient dans la famille depuis des années et savaient exactement où et comment placer chaque chose.

Le toast – du pain complet fait maison – était glissé dans le grille-pain à la seconde où les pas de Mohan résonnaient dans le couloir qui menait à la salle à manger, et en jaillissait dès qu'il s'asseyait à table. Son fruit était découpé par Nimmi mais posé dans son assiette par sa mère. Il prenait un thé très léger, avec seulement deux gouttes de lait, et encore aujourd'hui la main de Nimmi tremblait au moment de verser ces deux gouttes de lait. La plupart du temps, il préférait d'ailleurs le faire lui-même, non sans un triste mouvement de tête :

« Nimmi, ma chérie, quand je dis deux gouttes de lait, cela veut bien dire deux gouttes de lait, pas deux et demie. Essaye d'être un peu attentive à ce que je dis. »

Mohan choisissait les saris, les chaussures et les châles que portait Nimmi, mais elle avait le droit de choisir elle-même ses sous-vêtements. Il lui disait comment attacher ses cheveux – en chignon ou tressés – et comme il détestait les cheveux courts, elle était obligée de les garder longs, même s'ils n'étaient plus aussi noirs et épais qu'autrefois. Le soir, avant de se coucher, elle les enduisait parfois d'huile dans l'espoir qu'ils épaississent un peu. Mais elle ne le faisait jamais quand Mohan était à la maison parce qu'il détestait la voir les cheveux luisants d'huile.

Mohan régissait également la vie de sa mère. Il lui disait quels médicaments prendre, peu importait les prescriptions du médecin. Son statut de veuve lui interdisant de mettre autre chose que des vêtements blancs, il ne pouvait pas lui dire quoi porter, mais il ne se privait pas de choisir ses chaussures à sa place. Tous les matins, la domestique devait sortir toutes les paires, et Mohan indiquait avec sa canne celle sur laquelle il avait jeté son dévolu.

Avant de quitter la maison pour se rendre à son bureau, à Simla, il leur spécifiait l'heure à laquelle elles pouvaient sortir, le lieu de promenade qu'il avait choisi pour elles, quel livre elles pouvaient lire et quoi commander pour le déjeuner. En général, il avait déjà dit à Jano ce qu'il devait cuisiner pour le dîner et comment.

« Dis à Ram de frire ça très légèrement. Fais en sorte que ce ne soit pas trop cuit, sinon la viande est dure », expliqua-t-il à Jano pendant que celui-ci l'aidait à enfiler son manteau et lui tendait un mouchoir propre.

Et tandis que sa voiture descendait l'allée, il en profitait pour crier au jardinier de tailler les haies de deux centimètres, pas un de plus.

Nimmi n'avait aucune idée de ce qu'il faisait du reste de ses journées. Elle supposait qu'il les passait à donner des ordres aux employés de ses boutiques et de ses usines. Elle se demandait parfois s'il n'allait pas se poster à l'entrée de son cinéma pour dire aux gens quel film ils devaient aller voir. Etant donné qu'il n'y avait qu'une seule projection par soir, ils auraient été forcés de lui obéir.

Nimmi se leva de table et sortit dans le jardin. Le soleil dardait ses rayons sur la pelouse où pas une seule mauvaise herbe n'osait pousser. Un minuscule papillon bleu voleta devant elle pour aller se poser sur un rosier dont il fit tomber quelques pétales fanés. Ce papillon était-il trop lourd pour la rose ? se demanda-t-elle en s'approchant pour admirer ses magnifiques ailes bleues. A l'instant où elle se pencha, un gobe-mouches noir fondit sur le papillon et l'engloutit d'un coup de bec. Il battit des ailes une dernière fois avant de disparaître complètement.

« Une vie courte mais heureuse », chuchota Nimmi.

La brise dispersa d'autres pétales tandis que Nimmi avançait vers le fond du jardin.

Cinquante ans. Un demi-siècle. Elle ne se sentait pas différente. Malgré tout, des choses semblaient se mettre en branle dans sa tête, comme une roue qui tourne lentement et lourdement sur un chemin boueux. Elle se tenait au fond du jardin et contemplait les montagnes en silence. Le soleil était caché par un énorme nuage gris en forme d'éléphant qui avançait doucement vers le nord. Il va pleuvoir d'ici ce soir, se dit-elle, il vaudrait mieux demander aux domestiques de couvrir les chaises de jardin. Mais à peine quelques secondes plus tard, le soleil sortit de derrière le nuage, et le jardin fut de nouveau baigné d'une étonnante lumière dorée.

Elle avait cinquante ans aujourd'hui.

Un faible rayon de soleil vint caresser ses pieds, et Nimmi eut soudain l'impression qu'on venait de lui redonner vie. Toutes ces années passées avaient appartenu à une autre. A cet instant, pendant qu'elle regardait disparaître un papillon et profitait du soleil, ses années perdues lui avaient enfin été rendues. Comme un cadeau pour son cinquantième anniversaire.

C'est à ce moment précis qu'elle prit sa décision.

Nimmi se dirigea vers sa chambre en prenant soin de contourner le salon où somnolait sa belle-mère, ouvrit la porte sans faire de bruit, entra et resta immobile un instant. Puis elle ouvrit le placard du haut et en sortit un petit sac. Elle emballa quelques affaires. Ses médicaments, des sous-vêtements, trois tenues et une chemise de nuit. Elle n'emporta aucun de ses saris ou de ses châles onéreux. En revanche, elle prit un vieux gilet sur l'étagère du haut et une écharpe en laine qu'elle avait tricotée l'hiver précédent mais n'avait jamais portée parce que Mohan ne l'aimait pas. Elle referma le sac et jeta un dernier coup d'œil à sa chambre. Rien de ce qu'il y avait dans cette pièce ne lui appartenait, mais elle ressentit quand même un pincement au cœur au moment de dire au revoir aux trente années passées là.

Nimmi attendit que le déjeuner soit passé et que les domestiques soient retournés dans leurs quartiers pour leur pause de l'après-midi. Ils ne reviendraient qu'à cinq heures préparer le thé de sa belle-mère. Cela lui laissait plus de temps qu'il ne lui en fallait pour atteindre la gare routière. Elle avait en poche quelques milliers de roupies et espérait que ce serait suffisant. Elle n'était pas très sûre du coût des choses parce qu'elle n'allait jamais faire les courses. Les domestiques s'en chargeaient et c'était Jano qui payait. Mohan n'avait jamais donné la moindre pièce ou un seul billet à sa femme.

« De l'argent ? Pour quoi faire ? Demande à Jano, il t'achètera tout ce dont tu as besoin. Fais une liste et donne-la-lui… après me l'avoir montrée, évidemment. »

Le peu d'argent qu'elle possédait, Nimmi l'avait pioché dans la monnaie que Mohan laissait traîner sur sa table de nuit, et gagné en jouant au rami au club de quartier. Il y avait aussi l'argent que ses frères lui envoyaient tous les ans pour Rakhi, Diwali et son anniversaire. Tout ça formait maintenant une jolie petite somme qu'elle conservait dans un minuscule porte-monnaie en soie caché sous ses châles. Elle n'avait jamais parlé de cet argent à Mohan et aujourd'hui, des années après avoir commencé à le mettre de côté, elle savait pourquoi.

Lorsqu'elle quitta la maison, elle préféra prendre le chemin le plus long pour descendre la colline, de peur que l'un des enfants des domestiques ne soit dans les parages, à ramasser du bois. Les corbeaux émirent quelques croassements depuis la cime des pins, comme pour signaler sa fuite et donner l'alarme. Mais la maison, dont les volets en bois étaient bien fermés pour préserver ses habitants du soleil brûlant de l'après-midi, demeura totalement silencieuse. Personne ne remarqua son départ.

Nimmi n'avait jamais voyagé en bus – si ce n'est pour une sortie scolaire, des décennies plus tôt – et ne savait pas du tout où aller pour acheter un ticket. Elle était bien à la gare routière, ça elle en était sûre, puisqu'ils passaient devant en voiture à chaque fois qu'ils allaient à Simla ou Delhi et que le chauffeur était toujours obligé de klaxonner pour disperser la foule. Souvent, des gens reconnaissaient Mohan et le saluaient, mais il les ignorait. Mohan n'aimait pas la foule. Nimmi vit justement une foule de gens agglutinés devant un guichet et se dirigea vers eux. Son sac était un peu lourd, mais elle ne voulait pas engager de porteur pour un si petit bagage, et puis de toute façon il n'y en avait pas un seul alentour.

« Où puis-je acheter un ticket ? » demanda-t-elle à un homme appuyé à une rambarde en bois.

Il leva vers elle des yeux vitreux, embrumés par l'alcool, et chancela.

« Qui sait, ma sœur ? Qui sait, riche madame ? Donne-moi une pièce. »

Nimmi jeta autour d'elle des regards affolés, tandis que les autres la bousculaient et continuaient à avancer. Les gens la fixaient. Une mendiante s'approcha d'elle, la main tendue. Elle chantait une sorte de mélopée. Comme Nimmi l'ignorait, elle s'éloigna en ronchonnant :

« Tu comptes en faire quoi, de tout ton argent ? »

L'ivrogne éclata de rire, puis brandit le poing en direction de la mendiante.

Les gens achetaient des tickets au guichet vitré, et Nimmi allait devoir jouer des coudes au milieu de leurs voix puissantes et de leurs odeurs incommodantes si elle voulait prendre le sien. Elle fit de son mieux pour garder son calme. Il n'y avait rien à craindre. Tout ce qu'elle avait à faire, c'était traverser la foule et acheter un ticket pour Simla, se dit-elle. Son cœur battait la chamade.

« Vous voulez un ticket pour aller où ? » l'interrogea un tout jeune garçon dans un anglais irréprochable.

Il avait les cheveux luisants d'huile et dressés sur la tête comme la crête d'un perroquet. Il était maigre, le front marqué d'une cicatrice en forme de signe plus.

« Je voudrais aller à Simla, répondit-elle en hindi.

— Donnez-moi cinquante roupies et je vais vous acheter votre ticket. »

Nimmi resta un instant à le dévisager, ne sachant que faire.

« Je ne suis pas un voleur, madame. Je pourrais prendre votre sac et m'enfuir, mais je n'en ai pas envie. Je ne vole pas les vieilles dames. Si vous voulez un ticket de bus, je peux aller vous en chercher un », expliqua-t-il, assis à califourchon sur la rambarde.

Elle remarqua qu'il portait des chaussures bien trop grandes pour lui, dans lesquelles il avait glissé du papier journal au niveau du talon, pour ne pas les perdre.

Nimmi sortit son porte-monnaie et compta l'argent à lui donner. Elle n'avait pas le choix, il fallait oser, sans quoi elle ne prendrait pas le bus aujourd'hui. Il était hors de question qu'elle rentre à la maison et affronte Mohan. C'était sa seule et unique chance de faire enfin quelque chose rien que pour elle. Elle allait devoir faire confiance au jeune garçon.

Plus tard, quand elle sut enfin son nom et ce qu'il avait bien voulu lui raconter de sa vie, elle comprit qu'elle avait bien fait de prendre ce risque, ce jour-là. Govind avait été envoyé par les dieux pour l'aider. Les dieux l'avaient vue quitter la maison et l'avaient suivie jusqu'à la gare routière, et là, comprenant qu'elle était incapable de se débrouiller seule, ils l'avaient gentiment guidée jusqu'à la rambarde où se tenait Govind, avec ses cheveux dressés sur le crâne comme la plume de paon de Krishna. Non seulement il lui avait acheté un ticket de bus, mais il l'avait installée lui-même sur le siège de devant pour qu'elle soit plus à l'aise et l'avait accompagnée jusqu'à sa destination, assis à côté du chauffeur.

« Où as-tu trouvé l'argent pour payer ton ticket ? lui demanda-t-elle un jour, alors qu'ils ramassaient les légumes dans le potager de la pension Hollyhock.

— Le chauffeur de bus est un ami, il me laisse voyager gratuitement. En échange, je l'aide à charger et décharger les bagages. »

Une fois qu'elle avait eu son ticket, Nimmi avait appelé sa mère d'une cabine téléphonique pour l'informer de son arrivée.

« Combien de temps comptes-tu rester ? avait grésillé la voix de sa mère à l'autre bout du fil. Bartho est parti en vacances et le cuisinier qui le remplace est un brigand, il vole tout le sucre, s'était-elle lamentée.

— Ma, j'ai quitté Mohan. Je rentre à la maison », avait répondu Nimmi, surprise de la facilité avec laquelle les mots étaient sortis, alors qu'elle les prononçait à voix haute pour la toute première fois.

Elle entendit une tonalité sourde dans le combiné du téléphone. Sa mère avait raccroché.

Nimmi expliqua son changement de plan à Govind et ils descendirent à Solan plutôt qu'à Simla. Nimmi s'était souvenue d'une vieille amie d'école qui enseignait dans un collège de cette ville et lui écrivait régulièrement pour lui demander de faire des dons à l'établissement qui l'employait. A la grande surprise de tous, Mohan donnait toujours avec beaucoup de générosité.

« L'éducation est primordiale. J'aime savoir que l'on éduque correctement les enfants », déclarait-il lorsqu'il signait le chèque.

Tout ça semblait si loin. Nimmi avait l'impression d'avoir toujours vécu dans cette chambre exiguë, pleine de plantes vertes et de livres, dans un recoin de la pension Hollyhock. Mohan, sa mère, la maison dans laquelle elle avait passé trente ans de sa vie… tout ça appartenait à un autre monde. Mohan s'était montré étrangement silencieux depuis qu'il avait appris par la mère de Nimmi que sa femme l'avait quitté. Peut-être n'y croyait-il pas. Peut-être s'attendait-il à la voir débarquer un beau matin au petit-déjeuner. Peut-être n'avait-il même pas remarqué sa disparition.

Le père de Nimmi, en revanche, s'était montré ravi quand elle l'avait appelé pour lui annoncer qu'elle vivait désormais à Solan.

« C'est une très bonne chose, ma fille. Reste là-bas. Tu es une bonne fille », s'était-il contenté de lui dire.

Sur le coup, Nimmi n'avait pas vraiment su s'il s'adressait à elle ou à sa chienne préférée, un vieux labrador. Mais comme il lui envoya ensuite un mandat de cinq mille roupies, elle en déduisit qu'il avait écouté ce qu'elle lui avait raconté.

Nimmi n'avait pas imaginé qu'il serait si difficile de commencer une nouvelle vie. Elle ne se savait pas si démunie. Certains jours, incapable de surmonter tout ça, elle se demandait si elle avait vraiment pris la bonne décision. Un fardeau d'un poids insupportable lui pesait sur les épaules la nuit, et elle se réveillait parfois en pleurs, se débattant pour s'en débarrasser. Mais lorsque le nuage noir finissait par s'en aller et que ses craintes s'évanouissaient à la lumière du jour, elle se sentait emplie d'une telle joie qu'elle se remettait chaque fois à pleurer.

Lentement, pas à pas, Nimmi se sentait renaître comme un insecte sort de son cocon, elle pouvait maintenant affronter seule les dangers de la vie, à moins que quelque chose de vraiment terrible ne se produise. Elle devait apprendre tout un tas de choses compliquées, comme obtenir un branchement de gaz ou remplir des formulaires en trois exemplaires pour avoir droit à une carte de rationnement, sésame qui lui permettrait d'ouvrir un compte en banque.

« Il faut la signature de votre mari, ici », lui annonça le guichetier.

Nimmi le fixa, interdite.

« Si vous êtes veuve, il faut la signature de votre père », enchaîna-t-il alors en le toisant à travers les barreaux de son minuscule guichet.

Il avait un énorme grain de beauté noir sur la joue.

Nimmi griffonna un nom quelconque, ce qui eut l'air de fonctionner. Elle possédait maintenant un compte en banque à son nom ; un compte sur lequel il n'y avait quasiment pas d'argent. Elle avait aussi un endroit où dormir à la pension Hollyhock, mais il lui fallait trouver du travail au plus vite.

Lorsqu'elle était arrivée à Solan, son amie Shanta avait eu l'air ravie de la voir et l'avait même invitée à dormir chez elle.

« Ma maison est grande, et tu vas adorer le jardin. »

Mais quand Nimmi lui avait expliqué qu'elle avait quitté Mohan, Shanta avait changé du tout au tout. Elle s'était montrée froide et distante.

« Tu es vraiment sûre d'avoir fait le bon choix, Nimmi ? Ce n'est pas facile, dans notre pays, pour une femme seule, surtout à ton âge… Tu n'as aucune compétence », avait-elle ajouté en secouant la tête, le regard débordant de pitié.

Ce qu'elle voulait dire par là, c'est que Nimmi n'avait jamais rien fait d'autre dans sa vie que découper des fruits et faire des bouquets de fleurs quand ils recevaient des invités à dîner.

Après deux semaines chez Shanta, Nimmi alla s'installer à la pension Hollyhock, au bout de la rue. C'était vieux et délabré, mais la chambre n'était pas chère et il y avait un immense jardin derrière la maison. Govind avait déjà travaillé pour le vieux couple qui tenait la pension, il avait fait la plonge et quelques corvées.

« On va d'abord vous prendre une chambre et ensuite on leur demandera s'ils ont du travail pour vous, madame. Ou alors on demande d'abord pour le travail, et vous aurez peut-être la chambre gratuitement. Ils ont toujours besoin de bras supplémentaires ici. Il y a bien des choses que vous savez faire, non ? » s'enquit Govind, plein d'espoir.

Govind continuait à l'aider, même s'il partait travailler tous les matins. Il était porteur à Simla. Il lui rapportait toujours un fruit ou un paquet de biscuits à la fin de la journée. Shanta n'aimait pas qu'il traîne chez elle, alors il dormait à la gare routière.

M. et Mme Sharma se levèrent, les mains jointes, au moment où elle passa le portail. Leur jeune fille lui sourit, mais Mme Sharma lui ordonna de rentrer dans la maison.

« Bienvenue », l'accueillit M. Sharma d'une voix forte.

Ils l'avaient prise pour une cliente et furent très étonnés lorsqu'elle leur demanda s'ils avaient du travail pour elle.

« Nous ne savons pas ce qu'une femme de votre rang pourrait bien faire ici. Ce n'est qu'une toute petite pension, vous savez. Il n'y a que huit chambres, ce n'est pas un hôtel. Nous n'avons pas de restaurant ou de fantaisie de ce genre dans la pension », lui répondit M. Sharma en tirant nerveusement sur sa cravate, comme si c'était lui qui était venu demander un emploi.

Ils l'embauchèrent néanmoins, en tant que femme de chambre et réceptionniste. Elle devait simplement répondre au téléphone et s'assurer que les huit chambres étaient propres et prêtes à accueillir les clients. Ça n'avait rien de compliqué, mais Nimmi faisait constamment des erreurs. A chaque fois, Mme Sharma secouait la tête et faisait claquer sa langue :

« On voit bien que vous n'avez jamais rien fait de vos dix doigts… alors que vous avez déjà vécu la moitié de votre vie ! »

Govind lui montra comment faire la liste pour le *dhobi* et comment parler à l'homme de ménage, qui ne cessait de l'envoyer paître.

« Je vais me charger de lui. Je les connais, les gars dans son genre », lui lança Govind un matin, avant de partir pour Simla.

La saison d'été touchait à sa fin dans les montagnes, mais la pension recevait encore beaucoup de clients.

« Nous allons entrer dans la période où les principaux clients sont des couples en lune de miel, expliqua Mme Sharma en se frottant les mains d'un air satisfait. Ils payent bien, plus que le prix normal », ajouta-t-elle avec un clin d'œil.

Nimmi réajusta son sari (elle en avait acheté plusieurs en coton simple dans une petite boutique de Kasauli) et se leva pour accueillir le groupe de personnes qui se présentaient devant la porte et jetaient un regard hésitant à l'intérieur.

« Puis-je vous renseigner ? s'enquit-elle.

— Oui, oui. C'est vous la directrice ? Nous voudrions trois chambres, lui annonça un homme de forte corpulence en s'épongeant le front.

— Vous avez de la chance, il nous reste justement trois chambres libres », répondit Mme Sharma qui s'était approchée du guichet après avoir glissé sous son bras son tricot en cours.

Toutes les chambres de la pension étaient vides mais il ne fallait surtout pas que les clients le sachent, sinon ils auraient pensé que l'endroit n'était pas très populaire.

« Mon jeune frère vient de se marier. Mon autre frère et moi l'avons accompagné avec nos épouses pour sa lune de miel », expliqua l'homme en indiquant du menton le jeune couple qui pouffait devant l'entrée.

Nimmi inscrivit leurs noms sur le registre. M. et Mme Gurdayal, trois fois, et ordonna à Govind de leur montrer leurs chambres.

« Nous voudrions des chambres accolées, s'il vous plaît, demanda le plus jeune frère.

— Nous sommes trois frères mariés à trois sœurs, voyez-vous, se justifia l'homme en *kurta* rouge. C'est votre pension ? »

Nimmi fit non de la tête et baissa les yeux sur le registre. Cet homme travaillait pour Mohan, à Simla. Elle venait de se souvenir qu'il était passé chez eux le mois dernier pour les inviter au mariage de son frère. Mohan avait bien sûr refusé et fait envoyer un cadeau très cher.

Que pourrait-elle bien lui répondre si jamais il lui demandait ce qu'elle faisait ici ? Elle fut soudain prise de vertiges.

« Allez viens, cesse donc ces bavardages », lança l'épouse de l'homme d'un ton impatient.

Il sourit à Nimmi et suivit docilement sa femme. Il ne l'avait pas du tout reconnue, alors qu'il l'avait vue à peine un mois plus tôt. Peut-être que Mohan ne la reconnaîtrait pas non plus, qu'il ne la verrait même pas si jamais elle décidait un jour de rentrer à la maison.

Dès que le couple de jeunes mariés et sa famille furent installés dans leurs chambres respectives, d'autres gens se présentèrent. Il s'agissait d'un couple de personnes âgées en route pour Delhi et qui avaient décidé de faire une halte. M. Sharma les accueillit comme de vieux amis. La pension résonnait maintenant de voix et de bruit. Govind refit son apparition et alla aider à la vaisselle. Ils ne servaient que le petit-déjeuner à la pension, mais si les clients le désiraient, ils pouvaient commander à manger au restaurant d'à côté, tenu par le neveu de Mme Sharma.

« Qui est-ce ? » entendit Nimmi à l'instant où elle quittait la réception.

Le neveu en question s'interrogeait sur l'identité de cette nouvelle venue chez sa tante.

« On ne sait pas vraiment. M. Sharma prétend qu'elle apporte une touche de classe à notre établissement, mais je n'en suis pas convaincue. Une femme seule… » répondit Mme Sharma avant de se mettre à chuchoter.

Nimmi ne rencontra le fantôme de la dame anglaise qu'une seule fois, mais elle entendait souvent son cheval piétiner dans le jardin à la nuit tombée. Au début, elle crut que c'était la fille des propriétaires, une enfant un peu lente, qui trottinait devant la maison en chantant. « C'est une attardée », aurait sans doute assené Mohan, mais Nimmi aimait bien s'asseoir avec la fillette et jouer avec elle dans le jardin. Mme Sharma considéra d'abord leurs jeux d'un œil suspicieux, mais finit par laisser Mala seule avec Nimmi sans plus s'en préoccuper. L'enfant s'asseyait aux pieds de Nimmi derrière le guichet de la réception et déchirait des feuilles de papier en fines lanières pour en faire des balles de papier, comme le lui avait montré Nimmi. Les clients lui jetaient des regards gênés avant de détourner les yeux. Pour une raison que Nimmi ne comprenait pas, Govind se montrait d'une extrême timidité en présence de la fillette et préférait les éviter lorsqu'elles jouaient toutes les deux dans le jardin.

La nuit où elle vit le fantôme, Nimmi venait tout juste de finir de lire une histoire à Mala et avait renvoyé la petite fille dans la chambre de ses parents, au bout du couloir. De sa fenêtre, elle pouvait admirer la pleine lune suspendue dans le ciel au-dessus des montagnes et le jardin baigné d'une douce lumière blanche. Elle se demandait ce que Mohan et sa belle-mère pouvaient bien dire d'elle. A cet instant, elle vit une grande femme à la peau diaphane passer devant elle en flottant dans les airs. L'apparition glissa dans le ciel jusqu'au fond du jardin, vers le vieux cèdre, et revint en tenant un cheval par la bride. Leurs silhouettes floues scintillaient sous les rayons de lune. Nimmi n'éprouva pas la moindre crainte au moment où ils passèrent à côté d'elle. La femme ne tourna pas la tête dans sa direction, mais Nimmi sentit néanmoins son regard.

Elle ne les revit plus jamais. Pourtant, les soirs de pleine lune, elle regardait souvent par la fenêtre. La femme avait un visage si triste. Nimmi avait eu l'impression qu'elle voulait lui dire quelque chose. Peut-être avait-elle aussi fui son foyer et cherchait-elle de l'aide. Ce devait être difficile pour une femme seule, comme elle, surtout avec ce cheval dont il fallait sans doute s'occuper.

« N'essayez jamais de lui parler, l'avertit Mme Sharma lorsque Nimmi lui raconta ce qu'elle avait vu. Vous croyez peut-être parler un anglais correct, mais il se pourrait que ce ne soit pas assez bien pour elle, ajouta-t-elle en roulant des yeux. Laissez-la tranquille. Elle ne vient qu'une fois par an et ne nous fait pas de mal. La pauvre, son fiancé l'a abandonnée et n'est jamais revenu, alors elle passe son temps à arpenter les montagnes à sa recherche. Ah ! les hommes, tous les mêmes, c'est moi qui vous le dis. Qu'ils soient morts ou vivants ! »

Après le départ du groupe en lune de miel et du couple de personnes âgées, la pension fut assez calme pendant plusieurs jours. Puis un groupe d'enseignantes arrivèrent. M. Sharma était ravi, mais son épouse les accueillit froidement.

« Elles ne commandent jamais à manger. Ces femmes sont des miséreuses. Elles font durcir des œufs dans la bouilloire et mettent la pagaille dans les chambres. Elles laissent des miettes de biscuits et des épluchures d'oranges partout sur les lits et la moquette, ronchonna-t-elle pendant que Nimmi comptait les serviettes de toilette et les tendait au *dhobi*.

— Et alors ? rétorqua M. Sharma. Les enseignantes ont de tout petits salaires.

— Alors, pourquoi est-ce qu'elles partent en vacances ? Qu'elles restent chez elles ou qu'elles aillent dans un monastère », siffla Mme Sharma avant de faire claquer une liasse de factures sur le guichet.

Nimmi avait tout juste commencé à trier les factures lorsqu'un bruit à la porte lui fit lever la tête. Une voiture venait de franchir le portail et s'était garée quasiment sur les parterres de fleurs. Elle sentit les battements de son cœur s'accélérer et une vague d'angoisse monter en elle. Mohan se tenait dans l'embrasure de la porte, lui tournant le dos.

« Je m'en fiche. Mon chauffeur se gare ici, un point c'est tout ! s'écria-t-il avant de se retourner. C'est donc ici que tu te caches ? Tu es devenue folle ? Vivre dans un endroit pareil ! Monte tout de suite dans la voiture », lui ordonna-t-il.

Ses yeux verts lançaient des éclairs et étincelaient comme ceux d'un tigre dans l'obscurité de la pièce.

« Tu m'as bien entendu, Nimmi. Monte dans la voiture. »

Les rideaux remuèrent à la fenêtre. M. Sharma était caché dans la salle à manger. Mala, jusque-là assise par terre à sa place habituelle, se releva et prit une balle en papier dans sa main. Elle la serra très fort, le regard planté dans celui de Mohan.

« Je t'attends dans la voiture. Tu as tout intérêt à être sortie dans cinq minutes. Je suis très mécontent ! » s'exclama-t-il avant de sortir.

Mala lui sourit et lui adressa un signe d'au revoir de sa toute petite main.

« Monsieur est très en colère, *memsahib*. Venez, s'il vous plaît. Où est votre sac ? Non, laissez votre sac, nous n'avons pas le temps, je viendrai le chercher plus tard », bafouilla Jano, paniqué, sans cesser de jeter des regards anxieux par-dessus son épaule.

Mala voulut lui donner une balle de papier, mais il l'ignora.

Nimmi le suivit à l'extérieur. La lumière vive du soleil lui fit plisser les yeux. Elle regarda Mohan, assis dans la voiture. Jano ouvrit la portière pour qu'elle monte. Tout semblait tellement calme. Les moineaux, d'habitude si bruyants, observaient la scène en silence depuis l'ombre du grand pin.

Nimmi tenait Mala par la main et articula, d'une voix faible :

« Je ne pars pas avec toi. Je veux rester ici. Laisse-moi rester, s'il te plaît.

— Tu me fais vraiment perdre mon temps. Tu n'écoutes donc pas ce que je dis ? Tu es sourde, en plus d'être idiote ? Monte immédiatement dans la voiture », la somma-t-il, le regard fixé droit devant lui.

Nimmi fit demi-tour. Les moineaux se remirent subitement à piailler à plein volume. Le bruit était assourdissant. Elle se couvrit les oreilles avec les mains. Ses genoux tremblaient, elle avait la respiration coupée.

Mala lui tapota gentiment la main.

« Ne pleure pas, je vais te faire d'autres balles en papier », dit-elle avant d'adresser un signe d'au revoir à la voiture qui s'en allait.

UN ENDROIT BIEN À ELLE

Seema se frotte les mains avec une tranche de citron pour essayer de se débarrasser de l'odeur de curry. Elle a ouvert la fenêtre en grand et mis l'aération en marche, comme le lui a indiqué Robi, et elle tente de se souvenir de ce qu'elle doit faire ensuite pour que la maison ne sente plus le curry.

Mettre le système d'aération en marche, ouvrir toutes les fenêtres, laver la planche à découper... compte-t-elle sur ses doigts qui sentent maintenant l'ail et le citron.

Tandis qu'elle se tient là, à énumérer les choses à faire, un parfum de curry bien gras et épicé envahit lentement la maison, imprègne les rideaux, se faufile sous les tapis et s'infiltre dans la soie des coussins.

Qui aurait cru qu'il était si difficile de se débarrasser des odeurs de cuisine ? Chez elle, en Inde, cela n'a jamais été un problème. La maison était toujours pleine de ces odeurs : la fumée de l'huile de moutarde, les effluves d'oignon et d'ail frits, le parfum des graines de cumin rôties et la douce odeur des *chapatti* en train de cuire sur un *tava* brûlant. Tous ceux qui venaient à la maison se laissaient volontiers envelopper par ces arômes chauds et accueillants.

Ah oui ! Le désodorisant ! se rappelle soudain Seema.

Elle ouvre le placard de la cuisine, à la recherche du fameux spray parfumé, et esquisse un sourire. Une fois, dans un grand magasin, elle s'est aspergée de désodorisant, persuadée qu'il s'agissait d'un parfum. Robi et Nina ont été très gênés.

Ce devait être pendant la première semaine après son arrivée ici, quelques mois après son cinquante-deuxième anniversaire et son départ à la retraite. Elle exerçait le métier d'enseignante dans une école pour filles, à Bannon, et aurait très bien pu continuer à travailler – la directrice le lui avait d'ailleurs demandé –, mais Robi avait d'autres projets pour elle :

« Pourquoi continuer à travailler, Masi, à ton âge ? Et pour un salaire de misère, en plus ! J'ai une immense maison à Londres, avec quatre chambres, un salon, un patio. Nina et moi travaillons toute la journée. Tu seras totalement indépendante, tu n'auras pas à t'inquiéter pour l'argent ou pour quoi que ce soit d'autre. Et puis… tu nous seras d'une grande aide. Ce sera un peu comme d'avoir Ma avec nous », lui avait-il confié dans un sourire.

Seema avait alors eu l'impression de voir sa défunte sœur lui faire un clin d'œil et de l'entendre lui dire : « Allez, ma Tuktuk, dis oui… dis oui à mon petit garçon. »

Sa sœur aînée avait été une seconde mère pour elle. Seema était la deuxième plus jeune de sept enfants et, d'aussi loin qu'elle se souvienne, Badi s'était toujours occupée d'elle. C'était elle qui lui huilait les cheveux et les tressait tous les matins avant l'école, qui préparait son petit-déjeuner et s'assurait qu'elle faisait bien ses devoirs chaque jour. Leur mère passait son temps à la cuisine ou dans un autre recoin de leur immense maison, et quand Seema tombait ou s'écorchait les genoux, c'était toujours auprès de Badi qu'elle courait chercher du réconfort.

Seema n'était pas tout à fait sûre de vouloir s'installer à Londres, à son âge. Elle avait économisé un peu d'argent et pouvait toujours donner des cours particuliers à la maison. Plusieurs de ses élèves le lui avaient déjà demandé… et certaines de ses anciennes élèves, mariées, voulaient même lui amener leurs enfants. Elle n'avait pas besoin de grand-chose pour vivre confortablement et il lui resterait encore de quoi voyager. Simla, Ajanta-Ellora, Kerala… il y avait tant d'endroits qu'elle voulait visiter. Son petit appartement lui appartenait ; son défunt père lui en avait fait don quelques mois avant de mourir.

« Comme tu ne t'es pas mariée, je n'ai rien eu à dépenser pour ton mariage ou ta dot ; les noces de tes frères, en revanche, m'ont coûté très cher… Alors je veux que tu aies cet appartement. Mais tu peux aussi le laisser à tes frères, si tu préfères, lui avait-il dit en lui tapotant gentiment la tête. J'aurais aimé qu'ils étudient et obtiennent des diplômes, comme toi. Si seulement ils avaient été aussi intelligents que toi… » avait-il ajouté en secouant la tête.

Ses frères lui en avaient un peu voulu à la lecture du testament, mais Badi l'avait soutenue :

« C'était la volonté de notre père, et ça devrait suffire. Vous deux, vous aurez la grande maison, après la mort de Ma, et toutes les terres que Babuji vous a données. »

Ma était morte peu de temps après, et Badi l'avait suivie de seulement quelques mois. Seema ne se souvenait plus du visage de sa mère, mais elle revoyait celui de Badi tous les soirs avant de s'endormir. Robi était le fils unique de Badi. Un garçon brillant, toujours premier de sa classe. Seema l'aidait tout le temps à faire ses devoirs et recopiait toutes ses notes au propre avant les examens importants. Elle les lui relisait à voix haute pendant qu'il faisait les cent pas et répétait chaque mot. Badi les contemplait en souriant avant de retourner dans la cuisine leur préparer quelque chose de délicieux à grignoter.

« Vos cerveaux vont se fatiguer. Vous devez manger quelque chose tous les deux. »

Robi est aujourd'hui un homme important, il travaille comme expert-comptable dans une grande entreprise, en Angleterre, et il est marié à une avocate. A la maison, tout le monde dit qu'elle n'est pas très jolie, à cause de son teint mat et de son nez retroussé, mais ici, les gens la trouvent magnifique. C'est une jeune femme très discrète, et pendant les premières semaines de cohabitation, à chaque fois que Seema a essayé de discuter avec elle, de lui poser des questions sur sa famille restée en Inde (elle vient de Chennai), elle n'a reçu que des réponses monosyllabiques. Désormais, leurs seuls échangent se limitent à des questions d'ordre domestique :

« Vous n'avez pas lavé le linge ? »

« Est-ce que vous savez où est mon pull noir ? »

« Essayez de mettre un peu moins d'huile dans les plats que vous cuisinez, Robi doit faire attention à son cholestérol. »

Seema a sorti tous les produits de nettoyage et les a disposés en rang d'oignons. Cela fait maintenant plus d'un an qu'elle vit à Londres et elle s'est habituée à bien des choses. Mais la cérémonie du ménage ne cesse jamais de l'étonner. A la maison, elle n'avait qu'un balai fait de branches attachées avec une corde et un seau dans lequel flottait une vieille serpillière. Il suffisait de balayer le sol avec les branches, qui semaient immanquablement quelques petites graines, puis d'essorer la serpillière et de nettoyer avec. C'était tout. Il arrivait aussi qu'elle prenne un chiffon pour épousseter grossièrement les bibelots en verre et porcelaine, ou les livres, mais cela ne faisait que remuer la poussière qui, en général, en moins de quelques minutes, revenait se déposer partout dans un soupir muet.

Ici, le nettoyage est une affaire sérieuse. Seema a d'ailleurs l'impression de passer un examen important tous les matins. Il faut d'abord apprendre le nom des différents produits de nettoyage et leur utilisation. Les étiquettes censées donner toutes les explications sont écrites en lettres tellement minuscules que Seema est obligée de mettre ses lunettes et de tenir les bouteilles juste sous la lumière pour pouvoir les déchiffrer.

Il y a d'abord un liquide vert et épais, parfumé au citron, qu'on utilise uniquement pour la vaisselle ; puis un autre, crémeux et vert pâle, pour nettoyer la salle de bains – mais seulement le lavabo et la baignoire, pas les toilettes. Rien que pour les toilettes, il faut trois produits bien distincts : un minuscule flacon en forme de cœur à accrocher sous la lunette et qui attend patiemment que quelqu'un tire la chasse pour répandre une puissante odeur de fleurs fanées – sur le flacon, il est écrit *Clairière forestière* en gras, sur fond de fleurs roses et blanches qui rappellent à Seema les contes qu'elle lisait quand elle était enfant –, puis une bouteille sans étiquette, qu'il faut utiliser avec des gants parce qu'elle contient de la Javel, et enfin une bouteille à bec de canard avec une brosse au bout.

Pendant qu'elle nettoie les toilettes avec tous ces accessoires, Seema se demande souvent ce que la mère de Chintu, leur vieille femme de ménage, là-bas, en Inde, aurait fait de tous ces produits. Aurait-elle jeté son vieux balai de branches qui ne la quittait jamais et adopté ces bouteilles colorées pleines de liquides parfumés ? Ou aurait-elle détourné la tête avec dédain et craché par terre, comme elle le faisait lorsque Seema lui reprochait de n'avoir pas bien nettoyé la salle de bains ?

Les verres ont leur propre produit de nettoyage qui les rend si brillants qu'on les croirait sortis d'un conte de fées. Quant au parquet en bois, il faut le frotter avec un cirage qui diffuse un doux parfum musqué. Pour les quatre grands miroirs de la maison, il y a un flacon armé d'un vaporisateur, et pour les fenêtres, le même genre de flacon, mais avec un vaporisateur plus gros. Robi l'a prévenue qu'il ne fallait surtout pas confondre les deux produits, sans pour autant lui expliquer ce qui risquait de se passer si jamais cela arrivait.

Mais Seema préfère ne prendre aucun risque, alors, chaque matin, elle aligne les bouteilles et les flacons comme des petits soldats juste après le départ de Nina et Robi.

« Aujourd'hui, tu seras le premier à venir avec moi, lance-t-elle au produit pour la salle de bains, avec un signe du menton. Vous autres, attendez-moi ici. Pas de bavardages, pas de chahut. De toute façon, vous allez tous y passer, un par un. Soyez un peu patients. »

Seema aime entendre sa voix résonner dans la grande maison vide. Elle en profite aussi pour parler hindi puisque Nina et Robi ne parlent qu'en anglais. Enfin, quand ils parlent, et ça n'arrive pas souvent. La maison est toujours très calme, qu'elle soit seule ou qu'ils soient tous les trois présents. A peine rentrés du travail, Robi se réfugie dans sa « tanière » pour y regarder la télévision et Nina court immédiatement se changer pour son cours de gym. Seema est quant à elle cantonnée à la cuisine pour préparer le repas et doit toujours faire attention à ne pas faire trop de bruit avec les casseroles et les poêles.

Ils ne prennent pas non plus leurs repas ensemble. Robi mange dans sa tanière, Nina dans le salon – pour pouvoir continuer à travailler sur son ordinateur – et Seema dans la cuisine, sur la petite table. Sauf lorsqu'ils reçoivent des amis. Dans ces cas-là, on dresse la grande table en bois avec les plus belles assiettes, l'argenterie, les verres à vin et les plats en terre artisanaux que Seema doit ensuite laver à la main.

Seema ne sort jamais de sa chambre quand Nina et Robi reçoivent des invités. Les plats qu'elle a préparés dans la journée sont disposés sur un réchaud et chacun se sert à sa guise. Elle n'aperçoit les convives que par la porte entrebâillée, lorsqu'ils passent devant sa chambre pour aller aux toilettes. Les femmes portent souvent des robes courtes qui dévoilent leurs bras et jambes, et la plupart d'entre elles fument des cigarettes.

« Masi est une excellente cuisinière, nous avons beaucoup de chance de l'avoir avec nous. Vous imaginez ma chère et tendre épouse en train de cuisiner tout ça ? » a-t-elle entendu Robi plaisanter un soir, et tout le monde a éclaté de rire.

Seema s'est demandé si Nina riait aussi.

« Tu vois, Badi, ton fils aime ma cuisine. Tu disais tout le temps que j'étais mauvaise cuisinière, que je ne savais pas couper les légumes correctement, que je mettais trop de sel, mais ici, dans ce nouveau pays, je fais partie des bonnes cuisinières. Ils adorent ce que je fais et les invités demandent souvent les recettes à Nina. Elle leur dit toujours qu'elle va les leur envoyer par e-mail, mais je sais bien qu'elle ne le fait pas puisqu'elle ne me demande jamais de les lui donner. Badi, ta petite Tuktuk est devenue une cuisinière célèbre », dit-elle souvent en riant le lendemain matin, quand elle nettoie la salle à manger pendant que Robi et Nina font la grasse matinée.

Il lui arrive parfois d'apporter les restes des repas à la dame qui tient le pressing du bout de la rue. Robi et Nina ne sont pas au courant, ils n'apprécieraient pas du tout.

« Tu devrais faire attention, Masi, et ne pas parler à n'importe qui. Ici, à Londres, il faut se méfier des gens bizarres, des détraqués. Ne regarde jamais les gens dans les yeux, même s'ils ne font que te demander leur chemin », l'a prévenue Robi.

Mais personne ne la regarde jamais, ni ne lui demande le chemin.

Seema sait comment aller jusqu'au bout de la rue, là où il y a les boutiques et le bureau de poste, mais c'est tout. Elle est bien trop craintive pour dépasser cette zone, même si elle rêve de se rendre à la bibliothèque, de l'autre côté de la rue. Tous les samedis, Robi la conduit au grand supermarché pour acheter du poisson, de la viande et des légumes. Ils s'arrêtent toujours pour manger une glace après avoir fait les courses, et Robi lui demande à chaque fois de ne rien dire à Nina, parce qu'il est censé être au régime. Un jour, à la demande de Seema, Robi s'est arrêté dans une librairie et lui a acheté des livres. Il a été surpris qu'elle ne choisisse que des vieux classiques.

La cloche tinte lorsque Seema entre dans la boutique. Mme Singh lève les yeux et lui sourit.

« Vous m'avez encore apporté de succulents petits plats. Mieux vaut attendre que cette *mem* soit partie pour les manger, je n'ai pas du tout envie de partager avec elle. Vous savez à quel point ils aiment notre cuisine », chuchote-t-elle en hindi.

Seema se perche sur le tabouret en bois, juste à côté de la table couverte de morceaux de tissu, de bouts de fil, de patrons, de ciseaux, d'aiguilles de couture, et regarde Mme Singh pendant que celle-ci s'occupe de sa cliente. Elle adore cette façon qu'a la vieille dame de parler anglais avec un accent penjabi très prononcé, sans la moindre timidité.

« Non, non, Félicity, c'est la dernière fois ! Je ne repriserai plus jamais cette robe si vous ne faites pas un peu plus attention. Regardez-moi cette déchirure ! Il va me falloir une semaine entière pour la réparer. Ça vous coûtera 20 livres, annonce-t-elle à la jeune Anglaise qui répond par un gloussement avant d'ouvrir son portefeuille.

— Vous êtes un amour, Mme Singh. Merci beaucoup. Vous pouvez me faire ça pour mardi prochain ?

— Oui, c'est bon, allez, au revoir », conclut Mme Singh en poussant gentiment la jeune femme hors du magasin.

Elle claque la porte derrière sa cliente, lève la tête et crie en direction du premier étage :

« Prends ta pause-déjeuner, Mel ! »

Dans la seconde qui suit, un jeune garçon au teint mat dévale les escaliers et sort en trombe de la boutique.

« Toujours impatient d'aller déjeuner, celui-là, à croire qu'il meurt de faim, le pauvre garçon ! »

Elle s'assied dans un soupir et envoie valser ses chaussures. Seema ouvre la grande boîte en plastique qui contient plusieurs boîtes plus petites. Les deux femmes échangent un regard et un sourire lorsque la forte odeur du curry préparé la veille envahit la boutique.

« J'ai toujours dit que le curry réchauffé était meilleur que le frais. Ma mère avait l'habitude de cuisiner le curry de viande le soir et de le laisser mijoter toute la nuit. On le mangeait le lendemain avec des galettes chaudes. Aaaahhh… c'était un vrai délice… » raconte Mme Singh en sauçant dans son assiette avec un morceau de pain.

Elles ont fini le riz pilaf au citron et le chou-fleur, mais il reste un peu de curry d'agneau qu'elles mangent avec des morceaux de pain. Une fois qu'elles ont terminé tout ce que contenaient les boîtes en plastique, Mme Singh débranche le fer à repasser et branche la bouilloire pour faire du thé. Elles mâchonnent une graine de cardamome chacune et la crachent dans leur tasse de thé, puis, les yeux fermés, inhalent le doux parfum de leur pays et de leurs vies passées.

Ces repas composés de restes qu'elles partagent une fois par semaine aident Seema à se sentir mieux. Pourtant, elle ne connaît pas très bien

Mme Singh et n'a pas grand-chose en commun avec elle. Mme Singh n'est pas allée à l'école très longtemps, elle est venue s'installer à Londres avec son mari assez rapidement. Il possédait déjà la boutique. Après sa mort, ses fils ont voulu la vendre, mais Mme Singh a continué à s'en occuper et a même appris à la gérer toute seule.

« Mes fils travaillent à Dubaï, ils possèdent des grosses voitures, des grandes maisons. Mais j'aime bien ma petite boutique. Elle est à moi, et je peux en être fière », répète-t-elle souvent à Seema.

C'est la dernière couturière du quartier, et toutes les Anglaises qui habitent dans le coin viennent la voir et la supplient de repriser leurs robes hors de prix. Malgré ses manières un peu rustres et ses mots parfois assez durs – elle les traite de vilaines filles ou de paresseuses –, elles ont l'air de l'adorer et lui apportent souvent des petits cadeaux, des chocolats ou des savons parfumés par exemple. En général, Mme Singh les donne à Seema, avec parfois de vieux magazines que des clientes ont oubliés.

Pour Seema, cette petite boutique est une oasis au sein de ce pays étranger où elle ne connaît personne, ne trouvera jamais personne à qui parler, et où elle ne peut aller nulle part sans être accompagnée. Ici, pendant une heure, elle redevient la Seema d'autrefois, heureuse et confiante. Elle sait que dans cette minuscule boutique délabrée, pleine de vêtements sales et déchirés, elle ne risque pas de commettre le moindre impair. Les vêtements fraîchement lavés et reprisés sont bien à l'abri, à l'étage, emballés dans du plastique, protégés des effluves de curry.

Un jour, elle rentrera chez elle. Elle demandera à Robi de lui acheter un billet d'avion, elle montera dans l'appareil et elle retournera à la maison. Badi comprendra. Mais Robi et Nina ne comprendront pas, elle en est convaincue :

« Tu as tout ce dont tu as besoin ici. Cette maison, ce jardin. Tu peux regarder la télévision toute la journée si ça te chante. Nous t'emmènerons au bord de la mer bientôt, quand le temps sera plus clément. Qu'est-ce que tu auras de plus en Inde, Masi ? Là-bas, il n'y a que du bruit et de la saleté. Et puis, de toute façon, Mamaji a loué ton appartement. »

Une année entière s'est écoulée. Seema peut désormais aller au supermarché toute seule, mais elle fait bien attention à contourner le pub parce qu'elle déteste la façon dont les hommes la regardent. Elle porte un pantalon maintenant, et un grand pull de chez Marks & Spencer. Nina ne veut plus qu'elle ressemble à une immigrée bengali avec son sari et son châle. Elle connaît le chemin pour aller dans n'importe quel magasin, mais elle ne dépasse jamais la frontière tracée pour elle par Robi.

Deux années supplémentaires passent. Seema peut aller un peu plus loin, elle prend même parfois le bus. Mais elle ne sait jamais quoi faire une fois qu'elle a dépassé la frontière de son ancienne zone de sécurité. Certains jours, elle reste dans le bus jusqu'au terminus puis refait le chemin en sens inverse. Elle regarde les maisons, essaie de voir par les fenêtres, mais tout est bien fermé. On a presque l'impression que personne ne vit dans ces maisons. La bibliothèque est maintenant à sa portée, elle y passe ses après-midi à lire et chercher des livres, mais ils n'ont pas beaucoup de vieux classiques, alors elle essaye de se mettre aux best-sellers.

Elle ne pense plus beaucoup à rentrer en Inde, ces jours-ci. Pourtant, Mme Singh lui a proposé de l'accompagner à Delhi.

« J'aimerais beaucoup que vous veniez avec moi, Seema. J'ai peur de prendre l'avion toute seule. Si on achète nos billets dès maintenant, ils seront moins chers. On s'amusera bien, à Delhi. On mangera plein de *pakora*, de *jalebi*, de *samosa*, de *kulfi* », s'enthousiasme-t-elle en faisant claquer sa langue comme une enfant.

Seema envisage de demander le soir même à Robi s'il veut bien lui acheter le billet d'avion, mais il a l'air agacé et contrarié lorsqu'il rentre enfin à la maison. Il s'enferme dans sa tanière et elle l'entend crier et se disputer avec quelqu'un au téléphone. Nina ne va pas à son cours de gym, elle s'assied dans le salon et n'allume même pas son ordinateur. Seema, ne sachant que faire, se réfugie dans la cuisine. A vingt et une heures, elle finit par demander à Nina si elle doit faire à manger, et celle-ci lui répond d'un simple hochement de tête, les yeux toujours rivés sur son écran d'ordinateur éteint.

« On n'a plus qu'à prendre nos affaires et retourner en Inde, comme ça, du jour au lendemain.

Partir. Après toutes ces années. Retourner en Inde, la queue entre les jambes… C'est une blague ! » s'indigne Robi en sortant de sa tanière, les yeux rougis.

Nina le fixe un instant, puis allume son ordinateur. Une musique joyeuse résonne dans le salon et Robi se laisse tomber sur le canapé, la tête entre les mains.

« On rentre à la maison ! » s'écrie Seema dans la boutique de Mme Singh, et elles éclatent toutes les deux de rire, sans raison.

Le curry qu'elles dégustent aujourd'hui est tout frais. Seema l'a cuisiné le matin même et l'a apporté directement. Robi et Nina ne lui ont même pas demandé où elle allait lorsqu'elle est sortie de la maison à midi, sa grosse boîte en plastique sous le bras. Cette dernière semaine, elle a l'impression d'être devenue invisible. Ils passent leurs journées à emballer et remballer leurs affaires, à jeter les choses qu'ils ont accumulées au fil des années, et ils ne lui prêtent plus aucune attention.

Seema sait maintenant qu'elle n'est pas indispensable, mais elle a le cœur léger.

« Badi, je rentre à la maison ! Ton fils me ramène à la maison », claironne-t-elle en s'asseyant sur son lit, après le déjeuner, pour préparer sa petite valise.

Elle aurait aimé pouvoir emporter avec elle toutes les bouteilles de produits de nettoyage, ses bons vieux amis, mais elle sait qu'ils ne lui seront d'aucune utilité en Inde. Le vieux balai en branches suffit bien pour son petit appartement.

Tout, dans ce monde, quelle que soit sa taille, a une place bien précise. Seema se souvient d'avoir lu ça quelque part, à l'époque où elle lisait beaucoup, et aujourd'hui elle comprend ce que cela signifie vraiment.

LA ROBE DE CHAMBRE EN VELOURS ROSE

Personne ne sait vraiment à quel moment la robe de chambre a fait sa première apparition dans la famille. J'ai toujours pensé qu'elle appartenait à ma grand-mère, mais ma mère m'a dit qu'elle lui venait de sa plus vieille tante qui l'avait elle-même reçue de son neveu, le mouton noir de la famille, celui qui a émigré au Canada et épousé une femme blonde de cinq ans son aînée. La tante ne l'a jamais portée parce qu'elle était convaincue que c'était la *mem* qui l'avait choisie :

« Cette robe de chambre a été souillée par les mains de cette sorcière, il est hors de question que je la porte. Elle lui a peut-être jeté un sort. »

Qui plus est, la robe de chambre en question était rose vif, et le mari de la tante, un juge à la retraite, refusait que son épouse ressemble à une femme de mauvaise vie.

« Mais quelle femme de mauvaise vie porterait une robe de chambre ? » s'est un jour moquée une autre tante de ma mère.

Ma mère s'est quant à elle demandé comment l'oncle pouvait en savoir autant sur les femmes de mauvaise vie mais elle a préféré garder cette question pour elle. Tout le monde dans la famille vouait une admiration sans bornes au juge retraité.

Après avoir conservé la robe de chambre dans son emballage d'origine – un sac en plastique avec des inscriptions dorées – pendant plus d'un an, la tante l'a finalement donnée à ma mère.

« Tu es la plus moderne d'entre nous, tu en auras peut-être l'utilité. Je ne veux pas donner quelque chose d'aussi cher à la domestique, ce serait trop la gâter », s'est-elle justifiée en jetant le paquet sur le lit, devant ma mère et mes tantes.

Elles étaient assises en cercle, à boire du thé et manger des *pakora*, et de temps à autre une des aînées lançait un regard méfiant au paquet, comme s'il s'agissait d'un être vivant susceptible de les attaquer. Quand elles ont enfin quitté la pièce, ma sœur et moi nous sommes faufilées à l'intérieur pour sortir la robe de chambre de son emballage et l'admirer à loisir. C'était la plus belle chose que nous ayons jamais vue. Une robe de chambre digne d'une reine de conte de fées… avec ce velours rose scintillant et ce col à volants en dentelle dorée. Un véritable rayon de soleil dans notre vieille maison aux recoins sombres, aux rideaux délavés et au mobilier délabré.

« Quelle idée d'envoyer un cadeau pareil, alors qu'il y a tellement de choses exceptionnelles au Canada ! Cette *mem* aurait pu envoyer des chaussettes en laine, ou un pull, ou même un thermos… Cet idiot de neveu ne devait pas avoir toute sa tête le jour où il a épousé cette vieille femme », ronchonnait ma mère chaque fois qu'elle ouvrait la penderie et tombait sur la robe de chambre en velours rose qui pendouillait hors de son emballage en plastique comme une espèce de langue.

En grandissant, j'ai fini par comprendre sa colère. La tante de ma mère, une octogénaire dynamique, n'aurait jamais pu porter une robe de chambre. Les femmes de sa génération se couchaient tous les soirs entièrement vêtues, avec un sari, un corsage et un jupon, et ne se déshabillaient que pour prendre leur bain. La plus jeune sœur de la tante en question avait même failli ne pas se marier parce que la famille du futur époux s'inquiétait d'accueillir dans son foyer une jeune fille qui était allée à l'école jusqu'à l'âge de douze ans.

« Elle doit être du genre à porter une robe de chambre et à se faire servir son petit-déjeuner au lit », avaient-ils déclaré en secouant la tête d'un air désapprobateur.

La famille de la tante avait donc dû promettre qu'elle ne ferait jamais rien de la sorte, l'expression « robe de chambre » avait été bannie de la maison, et le petit-déjeuner toujours servi dans la salle à manger. A cause de ce secret de famille, l'innocent cadeau envoyé du Canada devenait d'autant plus dérangeant, mais comment une femme qui vivait à l'autre bout du monde aurait-elle pu se douter qu'elle avait commis un tel impair ?

Ma mère n'a presque jamais porté la robe de chambre, elle non plus, si ce n'est en de très rares occasions, comme par exemple lorsque des visiteurs arrivaient à l'improviste et qu'elle n'avait pas encore eu le temps de prendre son bain. La robe de chambre était ornée d'un col à volants en dentelle dorée qui griffait la peau du cou. Ma sœur et moi aimions nous en envelopper pour nous déguiser. Je jouais toujours le rôle de la pauvre domestique, et ma sœur celui de la reine, ce qui fait que je n'avais presque jamais le privilège d'enfiler la fameuse robe de chambre. Mais nous nous la disputions souvent et, un jour, ma sœur a déchiré un morceau de dentelle dorée.

Au fil des années, la chaleur indienne, implacable, a fini par abîmer le tissu et a transformé le velours soyeux en un vieux cuir tanné par le temps. Mais le col est resté aussi rigide que la collerette d'un caméléon et, quand ma mère portait la robe de chambre, ses boucles grises tombant en cascade sur ses épaules, mon père ne manquait jamais de la taquiner. Il lui disait qu'elle ressemblait à Louis XIV, surtout lorsqu'elle se tenait sur le balcon et marchandait avec les camelots qui l'apostrophaient depuis la rue en contrebas. Les mendiants qui passaient par là l'interpellaient souvent eux aussi :

« Oh, belle reine, jetez-nous une pièce, nous bénirons vos fils ! »

Mais comme ma mère n'avait que deux filles, elle ne leur jetait jamais rien.

Nous avons grandi et sommes parties étudier à l'université dans une autre ville. Quand nous rentrions à la maison pour les vacances, la robe de chambre était toujours tapie dans la penderie de ma mère. Elle avait bien essayé de la donner à des gens de la famille, en affirmant de son ton de commerçante chevronnée qu'il s'agissait d'un produit d'importation de grande valeur, mais personne n'en voulait. Au bout de toutes ces années, la robe de chambre avait acquis une bien mauvaise réputation, et toute la famille la pensait maudite.

Ma mère, en vieillissant, a pris l'habitude de la porter de plus en plus souvent quand elle restait à la maison et se sentait trop fatiguée pour enfiler un sari. La robe de chambre était aussi chaude et confortable qu'une vieille paire de chaussons, et il m'arrivait parfois de la mettre moi aussi, lorsque je rendais visite à mes parents.

Progressivement, la robe de chambre s'est adaptée à nous. A mesure que j'ai pris de l'âge et de l'embonpoint, elle s'est détendue pour envelopper ma silhouette gironde. Le rose criard s'est adouci et, dans la lumière du petit matin, il semblait presque marbré de marron, comme ces Européens qui ont vécu trop longtemps sous l'ardent soleil indien. La texture douce et moelleuse du velours s'est modifiée à force de recevoir des taches d'huile de coco, de talc parfumé au bois de santal et de baume du tigre, et a fini par se patiner et prendre une jolie teinte dorée. Quant au col en dentelle, il a mieux vieilli que nous, passant peu à peu du doré à l'argenté.

Finalement, ma mère m'a donné la robe de chambre.

« Tu pourras envelopper ton bébé dedans si c'est une fille », m'a-t-elle dit.

Elle l'avait soigneusement lavée, mais les effluves de souvenirs, joyeux, tristes ou sans importance, imprégnaient encore le tissu. Ma belle-mère a refusé que je l'emporte à l'hôpital, de peur que le destin, en voyant tout ce rose, ne nous envoie une fille au lieu du fils tant attendu. Mais je l'ai quand même mise dans ma valise.

Quand ma fille a vu le jour, je n'ai pas pu l'envelopper dans la robe de chambre. Elle est née prématurée et a dû rester en couveuse pendant trois jours. Entre-temps, ma mère avait tricoté une couverture rose toute duveteuse, et nous avons passé ces trois jours à admirer mon bébé blotti dans son cocon rose derrière la vitre de la couveuse.

J'ai porté la robe de chambre à chaque fois que j'allaitais ma fille, et le tissu s'est imprégné d'une douce odeur de bébé. Ma fille a grandi. La robe de chambre est devenue sa couverture préférée. Elle l'agrippait de ses petits doigts et la serrait contre elle quand elle était triste ou en colère contre nous. Mon fils, né quelques années plus tard, n'arrivait pas à s'endormir si je ne le berçais pas dans mes bras, vêtue de la vieille robe de chambre.

Nous étions obligés de la cacher sur le haut d'une armoire pour éviter que le chien ne se love dedans. A chaque fois qu'il la trouvait, il s'affalait dessus de tout son poids et grognait si j'essayais de la lui retirer. Il y a maintenant des touffes de poils accrochées au velours et les manches sont tout effilochées aux poignets.

Tous les ans, j'envisage vaguement de m'en séparer et d'en acheter une nouvelle, mais ma fille s'y oppose fermement :

« Ma, tu ne seras plus la même ! »

Mon mari aussi aime sa couleur rose délavée, un peu marron, et me tapote le dos avec affection quand je sors de la salle de bains dans cette robe de chambre au premier jour de l'hiver.

« L'hiver est là, les enfants, votre mère a ressorti sa vieille robe de chambre », claironne-t-il chaque année et il attend que je rie moi aussi.

Mon fils, pourtant si soigneux, aime me voir dans cette vieille tenue élimée, même s'il ne peut s'empêcher de se moquer de moi :

« Et voilà la reine du cirque, mesdames et messieurs ! » s'écrie-t-il à chaque fois.

Je me demande s'il se souvient qu'enfant, il s'accrochait à sa ceinture et se laissait glisser derrière moi pendant que je vaquais à mes occupations dans la maison.

Je sais que je serais incapable de m'en débarrasser un jour. Je m'accroche à beaucoup d'autres choses inutiles dans la maison, uniquement parce qu'elles ont appartenu à des personnes que j'aime. Les vieux chaussons de ma mère, les vestes de mon père, mes chaussures d'enfant, les chemises déchirées de mon mari. Je ne connais personne qui soit aussi obsédé que moi par les vieilles affaires. Ma fille, qui suit des études de médecine, affirme que c'est parce que je manque de confiance et refuse de laisser le passé derrière moi. Elle ne cesse de me répéter que je ferais mieux de me tourner vers l'avenir et de me trouver une occupation :

« Tu devrais essayer de voir plus loin que ta maison et ta famille, Ma. Fais donc quelque chose pour toi. »

J'acquiesce, mais je ne comprends pas du tout ce qu'elle veut dire. Voir plus loin ? Où ça ? Qu'est-ce qu'il y a au-delà de ma maison ? Qu'est-ce que je devrais faire pour moi ? Ma famille, c'est toute ma vie. Mon mari et mon fils me traitent de fanatique du fouillis. Ça, je le comprends. Mais j'ai cinquante ans, je ne vais pas changer maintenant.

Cela fait presque vingt ans que je porte cette robe de chambre. J'en possède d'autres, en bien meilleur état. Ma sœur qui habite Paris m'en a offert une rose vif pour mon cinquantième anniversaire.

« A ton âge, il faut porter de la couleur, Didi », m'a-t-elle dit.

Ma sœur est célibataire et mince, elle a réussi sa carrière et elle ne porte qu'un grand tee-shirt pour dormir.

Je me demande parfois ce que diraient la grand-tante et le juge à la retraite s'ils la voyaient. C'est peut-être aussi bien qu'ils soient tous morts… ma mère, mon père, mes tantes, leur tante (la première propriétaire de la robe de chambre) et son mari, le juge à la retraite. Je suis presque sûre que le neveu, le mouton noir de la famille, et sa vieille épouse sont morts eux aussi. Mais la robe de chambre est toujours là. Tous les matins, en hiver, elle me parle avec leurs voix à tous. Le rose a disparu, il ne reste que quelques traces au niveau des aisselles pour témoigner de la couleur d'origine, celle qui a tellement choqué l'ancien juge. Le doré de la dentelle s'est finalement éteint, d'une mort lente, et le col à volants ne tient plus aussi droit qu'à l'époque où il donnait à ma mère l'allure d'une reine. Fatigué et élimé, il tombe maintenant mollement sur mes épaules enrobées.

Chaque année, à la fin de l'hiver, je range la robe de chambre avec les autres vêtements chauds, après avoir étalé dessus des feuilles de margousier pour repousser les mites. Avant de la déposer avec soin, comme un objet de grande valeur, parmi les pulls et les châles, je la serre contre moi pendant plusieurs minutes. J'ai l'impression de tenir dans mes bras un vieil ami. Je caresse les bords effilochés que mes enfants ont tirés lorsqu'ils jouaient à cache-cache avec moi. Je glisse mes doigts sur le col autrefois si fier qui s'affale aujourd'hui comme un oiseau blessé. Je rassemble en une grosse boule le velours fin et délavé pour y enfouir mon visage. Je respire le parfum de toute une vie : le lait, le talc, l'huile, le baume. Je sens l'odeur de mes enfants quand ils étaient petits. Celle de ma mère quand elle était vieille. J'enroule les manches autour de mon cou et appuie le vieux velours contre ma propre peau, fripée et marron elle aussi. Je garderai cette robe de chambre toute ma vie.

LE MARIAGE DE MEERA

« Le problème, c'est qu'elle ne s'est jamais mariée. »

Meera esquissa un sourire lorsque ces mots vinrent lui chatouiller les oreilles. Elle leva la tête et regarda par la fenêtre. Sa mère et sa sœur aînée s'étaient installées dans la véranda pour prendre le thé tandis que les rayons de soleil de la fin d'après-midi jouaient à cache-cache sur leurs visages. Meera savait très bien qu'elles parlaient d'elle et se pencha pour mieux les entendre. Ces discussions interminables entre sa mère et sa sœur au sujet de son statut de célibataire ne la touchaient plus du tout, elle parvenait même à s'en amuser maintenant qu'elle était hors de danger.

Meera avait quarante-neuf ans et n'était plus dans la catégorie des femmes à marier. Elle n'avait plus besoin de se tenir constamment sur ses gardes, ne serait plus jamais forcée de parader devant des « garçons » rongés par la nervosité, ni obligée de supporter les minauderies des femmes de leur famille. Elle n'aurait plus jamais à porter le plus beau sari en soie de sa mère, à emprunter les boucles d'oreilles en or de sa sœur et à entrer dans le salon en portant dans ses mains tremblantes le plateau en argent chargé de tasses de thé. C'en était fini des questions gênantes sur son poids, sa taille et ses maladies infantiles ; des oncles souriants qui lui demandaient ce qu'étaient ses « passe-temps » ; et des tantes maussades qui fixaient ses grands pieds engoncés dans des chaussures trop petites.

Meera ressentait parfois un petit pincement au cœur de n'avoir pas trouvé de mari, mais ce n'était pas pour elle qu'elle était triste, c'était pour ses parents. Elle avait l'impression de les avoir en quelque sorte laissés tomber. Elle n'avait pas été capable de dénicher un époux. Sans parler de mettre le grappin sur un bon parti, comme l'avait fait sa sœur aînée, un mari tout ce qu'il y a de plus banal, comme celui de sa sœur cadette, aurait suffi à satisfaire ses parents. Sa mère aurait alors pu fièrement annoncer au reste de la famille : « Meera est enfin mariée, et le garçon vient d'une famille tout à fait convenable. »

Des paroles que tout le monde aurait su décoder et qui auraient signifié qu'il était petit, pas très beau et sans grand avenir. Sans compter qu'il aurait certainement eu des sœurs à marier et aurait demandé une grosse dot.

Meera se leva de son lit et attrapa son *dupatta*. Son reflet, dans le miroir accroché au-dessus de la tête de lit, lui rendit son regard. Malgré ses yeux gonflés de sommeil et ses cheveux attachés grossièrement sur le haut de son crâne, elle n'était pas si mal. D'ailleurs, beaucoup de gens la trouvaient plus jolie que ses sœurs. Ses cheveux, une fois lavés et huilés, lui tombaient en cascade jusqu'au bas du dos et ses grands yeux lui donnaient un côté jeune et frais en dépit de son âge.

Autrefois, sa grand-mère l'appelait « la belle aux yeux de biche », non sans ajouter à chaque fois qu'elle avait quand même de très grands pieds :

« Tu es comme les paons, ma fille. Un corps couvert de jolies plumes, mais des pieds horribles en dessous. Apprends à les cacher. Pense bien à les dissimuler sous ton sari quand tu t'assieds. Les hommes ont peur des femmes aux grands pieds. »

Sa mère secouait tout le temps la tête et se lamentait :

« A quoi bon être aussi jolie puisque aucun homme ne la trouve assez bien pour l'épouser ? Un beau sari n'est d'aucune utilité si personne ne veut l'acheter, et il finit par vieillir tout seul sur une étagère. »

Elle avait aussi une autre phrase qu'elle ressortait régulièrement :

« Que va-t-il advenir de cette pauvre fille quand nous mourrons ? Pas de mari, pas d'enfant pour s'occuper d'elle. Où ira-t-elle passer ses vieux jours ? Elle va se retrouver à la rue, comme une vieille vache qui ne donne plus de lait. »

Meera avait fait une liste de toutes les plaintes de sa mère et savait dès les premières syllabes de laquelle il s'agissait.

Ses deux sœurs étaient petites, dodues, avec de petits yeux et des cheveux filasses, et avaient malgré tout chacune un mari. Elles aussi avaient dû subir les présentations embarrassantes, les interrogatoires des familles de plusieurs « garçons », mais elles avaient réussi à les séduire et s'étaient mariées assez rapidement.

« Les dieux sont bons. Nous sommes parvenus à en marier deux, il n'en reste plus qu'une à caser », répétait tous les matins la mère de Meera à son mari.

Elle ne cessait de jeter à sa fille des regards inquiets, le front plissé, comme un fermier inspecte la chèvre que personne n'a voulu lui acheter au marché.

« J'espère trouver un jour un homme qui voudra bien d'elle. Ce n'est pas faute d'avoir cherché. Je me suis donné beaucoup de mal, sans aucune aide de ton père, évidemment. Tout ce qu'il fait, lui, c'est refuser, refuser, refuser. »

La voix de sa mère résonnait au loin et s'envolait par la fenêtre. Ils ne l'avaient même pas vue sortir de la maison pour aller au jardin. Elle était devenue invisible. Tout ce qui leur importait, c'était de la marier.

Les soucis, les roses et les tulipes avaient entendu les paroles de la mère de Meera, et plus tard, lorsqu'elle les arrosa, elles secouèrent leurs boutons en signe de sympathie. Ses fleurs bien-aimées faisaient de leur mieux pour la rendre heureuse en s'épanouissant abondamment dans les teintes les plus vives. Ses roses étaient les plus belles de tout le quartier, et les voisins lui en demandaient souvent des boutures. Ce mois-ci, elle allait planter un rang de laitues et de tomates pour qu'ils puissent se faire des salades fraîches tous les jours. Son père était le seul membre de la famille à partager son intérêt pour les promenades dans le jardin, mais il ne remarquait jamais les roses et il lui arrivait même de piétiner par inadvertance les pousses qu'elle venait tout juste de planter.

« Il a toujours pensé qu'aucun garçon n'était assez bien pour sa petite fille chérie. Et voilà qu'on se retrouve avec ce joyeux boulet accroché à la cheville. Que va-t-il lui arriver quand nous serons morts ? » se désolait sa mère avec sa phrase favorite numéro deux.

« Où ira-t-elle ? Qui la protégera ? Je veillerai sur elle depuis les cieux, les yeux pleins de larmes, mais à quoi bon ? » se plaignait-elle souvent auprès des invités de passage, mais aussi parfois auprès d'inconnus croisés au marché ou dans la rue.

Dans ces moments-là, tout le monde s'arrêtait pour regarder Meera d'un air interrogateur. Elle fournissait alors de gros efforts pour feindre l'indifférence mais, la plupart de temps, elle ne pouvait s'empêcher d'éclater de rire.

« Vas-y, ris ! Ris donc comme un chacal, ma fille ! Un beau jour, après ma mort, tu te souviendras de ce que je t'ai dit et tu pleureras toi aussi !

— Ce sont les hyènes qui rient, Ma, pas les chacals, la corrigea Meera.

— Qu'est-ce que j'en ai à faire de ces animaux qui pleurent ou qui rient, quand je traîne ma fille comme un prisonnier son boulet ? Tu me donnes mal à la tête », rétorqua sa mère en montrant du doigt le pot de baume mentholé posé sur sa table de nuit.

Meera massa délicatement le front de sa mère avec le baume camphré et lui chuchota :

« Ma, j'ai un bon travail. Je toucherai une retraite correcte et je suis capable de m'occuper de moi », mais sa mère ne l'écoutait déjà plus, d'ailleurs personne ne l'écoutait jamais.

Ils se contentaient tous de la fixer et de secouer la tête d'un air désespéré.

« Meera… Meera ! S'il te plaît, réponds au téléphone ! La princesse dort encore », entendit-elle sa mère s'exclamer.

Elle n'avait pas entendu sonner le téléphone alors que sa mère, qui approchait des soixante-dix ans, l'avait très bien entendu. Son ouïe et sa vue étaient intactes malgré son âge ; elle entendait et voyait absolument tout, enfin, tout ce qui touchait à son mari ou ses filles. Le reste du monde n'existait pas pour elle. Des gens pouvaient toujours se faire agresser ou assassiner sous ses yeux, elle se détournerait avec dédain : « Nous ne les connaissons pas. Qu'ils se débrouillent avec ce que le destin leur a envoyé. »

Mais si une feuille tombait sur la tête d'une de ses filles, elle brandissait le poing en direction de l'arbre et l'insultait copieusement. La mère de Meera était une vraie tigresse, capable de tuer pour défendre ses filles. Sauf qu'une tigresse n'avait que faire de marier sa progéniture. Elle nourrissait ses petits, les protégeait, puis les laissait aller librement.

La mère de Meera n'aurait jamais laissé ses filles sortir de son champ de vision, si ce n'est pour rejoindre un mari.

Meera fut surprise de n'avoir pas entendu sonner le téléphone. Elle était peut-être en train de devenir sourde. Devrait-elle consulter un médecin ? Si elle en parlait à sa mère, celle-ci risquait de soupirer et de lui dire, une fois encore : « Le problème, c'est que tu n'es pas mariée. »

Peu importait les maux dont elle souffrait ou les problèmes qu'elle rencontrait, tout était toujours une conséquence directe de son célibat. L'autre jour, quand sa voiture était tombée en panne, sa mère s'était encore lamentée :

« Si seulement tu t'étais trouvé un mari avec une voiture neuve ! »

Maintenant qu'elle avait atteint l'âge de cinquante ans, Meera espérait que sa mère allait enfin cesser de se plaindre et trouver un autre centre d'intérêt que le statut matrimonial de sa fille. Son père passait ses journées plongé dans ses livres et lui demandait comment elle s'en sortait à l'école à chaque fois qu'il la croisait dans la maison. Ses deux sœurs mariées vivaient tout près et venaient souvent rendre visite à leur mère. Elles passaient leurs après-midi à bavarder dans la véranda de leur ancienne maison. Sheena, l'aînée, avait épousé un homme très riche mais complètement hypocondriaque. Elle prenait donc comme excuse d'aller à la pharmacie lui chercher des médicaments et s'arrêtait presque tous les jours chez ses parents pour échapper à ses jérémiades incessantes. Son autre sœur, Neera, était mariée à un représentant de commerce qui passait son temps sur les routes. Les seules fois où il était à la maison, ils ne faisaient que se disputer. Neera venait alors se réfugier chez ses parents avec sa valise et son fils de deux ans sous le bras. Meera adorait son neveu, avec lequel elle passait des journées entières à explorer le jardin pendant que Neera sanglotait dans les bras de sa mère.

Neera et Sheela faisaient la fierté de leur mère du fait qu'elles étaient toutes deux mariées, mais les deux filles ne parlaient jamais de mariage à leur sœur célibataire. Meera les surprenait même parfois en train de lui jeter des regards envieux lorsqu'elle se levait tard le dimanche matin et ne faisait rien d'autre de la journée que se promener dans le jardin, les cheveux enduits d'huile nourrissante. D'ailleurs, les cheveux de Meera étaient encore d'un noir de jais, tandis que ceux de ses sœurs étaient déjà striés de mèches grises. Voilà à quoi mène le mariage, se disait-elle parfois en se peignant les cheveux, ça vous fait mentir, pleurer, blanchir les cheveux, et pourtant tout le monde n'attend que ça.

« C'est dangereux de rester seule. Une femme doit passer de la maison de son père à celle de son mari, puis à celle de son fils. Alors, trouve-toi vite un mari, ma fille. N'importe quel mari fera l'affaire tant qu'il est vivant et qu'il appartient à notre caste, répétait souvent sa grand-mère en lui pinçant les joues. Regarde-toi, tu es encore toute dodue et jolie. Il n'est pas trop tard pour te trouver un veuf, mais assure-toi d'abord qu'il n'a pas toute une flopée d'enfants. »

Meera courut décrocher le téléphone. Il n'y eut d'abord aucun bruit au bout du fil, puis après quelques secondes elle finit par entendre une voix faible. C'était celle d'un homme, avec un drôle d'accent qu'elle ne reconnaissait pas.

« Oui, vous êtes bien chez le docteur Sen. Non, il n'est pas là. Puis-je savoir qui le demande ? »

Meera nota le nom de la personne et son numéro de téléphone. Ashutosh Chowdhary. Ça sonnait comme le nom d'un héros dans un vieux classique de la littérature, songea-t-elle en retournant dans sa chambre. Sa mère se plaignait maintenant de maux de ventre. Sa sœur lisait la bande dessinée de son fils. Meera pouvait enfin aller s'asseoir avec elles sans risquer d'entendre parler de mariage.

Lorsque Ashutosh Chowdhary arriva, Meera était dans le jardin, occupée à désherber. C'était en fin d'après-midi et la lumière du soleil formait des flaques irrégulières sur la pelouse. Une averse brutale avait fait ressortir des centaines de minuscules pousses de mauvaises herbes et Meera préférait les enlever tout de suite, avant qu'elles n'aient le temps de plonger leurs racines au plus profond de la terre. Le jardinier la suivait des yeux depuis l'ombre du margousier. Il n'aimait pas qu'elle travaille dans le jardin, mais Meera préférait ignorer ses regards désapprobateurs. Elle avait de la peine pour les pousses qu'elle arrachait et jetait sur le tas de déchets à brûler. Pauvres petites choses, elles aussi avaient besoin d'un sol dans lequel s'ancrer. Ce n'était pas de leur faute si elles aimaient bien son jardin. Peut-être devrait-elle les laisser s'épanouir à leur guise dans la pelouse ? Après tout, elles étaient vertes elles aussi, peut-être même encore plus vertes que le gazon. Mais les gens n'aimaient pas les mauvaises herbes. Et il fallait toujours se plier aux exigences d'autrui, sans quoi il était impossible de s'intégrer, comme c'était le cas pour ces pauvres petites pousses.

Meera leva la tête et vit son père s'approcher en compagnie d'un inconnu. Elle se glissa discrètement derrière un buisson, mais le jardinier profita de cette occasion rêvée de la trahir et cria au docteur Sen :

« *Sahib*, Babyji est ici ! »

Son père, qui n'était pas venu là pour la voir, resta interdit. Il la fixait comme s'il ne la connaissait pas. L'inconnu la regarda lui aussi avec un intérêt poli.

« Euh… voici… » commença son père en essayant de se souvenir du prénom de sa fille.

L'inconnu, pensant que c'était son nom à lui que le docteur Sen avait oublié, s'avança vers Meera :

« Je m'appelle Ashutosh… Vous devez être mademoiselle Sen… Ravi de vous rencontrer. Votre jardin est splendide. Je n'ai jamais vu d'aussi belles roses, avec des couleurs aussi originales. »

Meera sut tout de suite que cet homme était un charmeur.

Au fil des années, elle avait établi une liste des différentes catégories d'hommes. Elle avait commencé cette classification dès les premières « rencontres officielles ». Il ne lui fallait pas plus de quelques secondes pour ranger les prétendants dans une catégorie. Il y avait les charmeurs, les vantards, les timides, les méchants, les fils à maman, et enfin les taciturnes avec des yeux de poisson.

« Oui… en effet, nous avons un jardin… il a toujours été là je crois. Meera adore les plantes… oui… voici Meera… notre fille… marmonna son père, reconnaissant subitement la chair de sa chair. Donc, comme je vous disais, le manuscrit est en bon état, il ne manque que quelques pages, il faudrait… »

Les deux hommes reprirent leur promenade en direction du fond du jardin. Meera retourna à la maison. Elle sentit l'excitation de sa mère avant même d'avoir franchi le seuil de la véranda. Les rideaux étaient malmenés par la brise, et la maison vibrait et grognait comme un géant qui se réveille d'une longue sieste.

« Oh, Krishna, du haut des cieux… Oh Ma Durga… soyez bénis… Vous nous avez envoyé le candidat idéal. Pas trop vieux, mais pas trop jeune non plus. La bonne taille, bien qu'un peu maigrichon. Non… je ne suis pas ingrate, ma déesse, pas une seconde. Je l'accepte… Vous êtes enfin venus à notre secours ! s'exclamait-elle, les yeux fermés et les mains sur le cœur.

— Ma… je t'en prie… Il pourrait t'entendre, chuchota Meera.

— Qu'il m'entende ! Que le monde entier entende mon cri du cœur ! s'écria-t-elle en secouant la tête d'un côté puis de l'autre, comme pour marquer le rythme d'une musique.

— Ma, calme-toi ! Je suis sûre qu'il est marié. Et puis de toute façon je suis bien trop vieille pour tout ça, je vais bientôt avoir cinquante ans », rétorqua Meera en frottant le dos de sa mère pour tenter de l'apaiser.

Certains jours, cela suffisait à la calmer, mais aujourd'hui, elle avait l'air possédée. Meera devrait peut-être aller chercher le pot de baume mentholé.

« C'est notre dernière chance ! Notre dernière chance, tu te rends compte ? » cria sa mère en s'arrachant les cheveux.

On aurait cru un oisillon aux plumes tout ébouriffées. Meera dut réprimer une terrible envie de rire. Sa mère avait l'air tellement désespérée.

« De toute façon, sous une lumière un peu tamisée, tu ne fais pas plus de quarante ans. Vite, il faut couvrir toutes les lampes du salon ! Dis aux domestiques de s'en charger immédiatement. Et va tout de suite enfiler ton sari rose… Dépêche-toi donc ! Nous ne devons surtout pas le laisser filer… C'est peut-être un cadeau des dieux, ma fille… Que Ma nous bénisse tous ! Faites qu'il soit pour nous… Je suis sûre qu'il n'est pas marié… Il a ce regard désinvolte du célibataire. Et il est tout maigre. Que les dieux soient bénis ! Ils nous l'ont apporté sur un plateau. Il est pour nous. »

Dans la lumière voilée du salon de réception, son sari rose resplendissait comme une fleur fanée. Meera tripotait son mouchoir en écoutant la douce voix d'Ashutosh envahir la pièce. Sa mère le fixait comme un renard essaie d'hypnotiser un lapin ; Meera s'attendait presque à ce qu'elle lui saute dessus pour le croquer. Elle vit même la petite langue rose de sa mère pointer une fois ou deux entre ses dents. Elle aurait voulu disparaître. Son père regardait autour de lui d'un air indifférent et s'inquiétait qu'il fasse si sombre dans la pièce.

« Ça doit être à cause des baisses de courant », marmonna-t-il.

Ses sœurs, assises côte à côte sur le canapé, ne quittaient pas l'inconnu des yeux, comme deux chiens de garde prêts à se jeter sur lui si jamais il tentait de s'échapper.

Ashutosh ne semblait pas remarquer qu'un piège était en train de se refermer sur lui. Il faisait et disait tout ce qu'on attendait de lui, buvait du thé et mangeait de bon appétit. Il mordit dans un *samosa* et loua une fois encore la beauté du jardin, admira les peintures sur soie que les sœurs de Meera avaient réalisées jeunes filles, reprit deux fois des *halva* et écouta patiemment la mère de Meera énumérer les qualités de sa fille. De temps à autre, il jetait des regards bienveillants à Meera et lui souriait, sans cesser de mâcher consciencieusement.

Meera l'ignorait. Au fil des années, elle avait appris à se déconnecter de ce qui l'entourait lorsqu'elle se retrouvait dans cette situation. Elle se divertissait en examinant les pieds de toutes les personnes présentes, une façon comme une autre de garder les yeux baissés et de ne pas se montrer grossière en dévisageant les invités. Elle était devenue une véritable experte en la matière. Mais aujourd'hui, pour la première fois, elle se sentit agacée et gênée par le comportement de sa mère. Peut-être parce que cela faisait longtemps qu'elle n'avait pas été soumise à une de ces « présentations officielles ». Pourquoi la forcer à subir une humiliation de ce genre, à son âge ? Elle approchait des cinquante ans et ne désirait pas le moins du monde se marier. Il était grand temps que sa mère l'accepte. Meera se fichait de la déception qu'elle allait causer. C'en était assez de toutes ces simagrées.

A l'instant où sa mère lui demandait d'apporter le thé, elle se leva d'un bond.

« Je n'apporterai pas le thé ! Ce n'est pas à moi de m'en occuper. C'est Shambhu qui s'en charge d'habitude. Pourquoi est-ce que ce serait à moi de le faire aujourd'hui ? lança-t-elle avant de se tourner vers Ashutosh. Je suis désolée que vous ayez été obligé de subir tout ça, mais je n'ai aucune envie de me marier, ni avec vous, ni avec personne d'autre. D'ailleurs, vous êtes peut-être déjà marié. De mon côté, j'ai presque cinquante ans et je suis ravie d'être encore célibataire. J'ai un bon emploi et je toucherai une retraite correcte. J'ai aussi une voiture. Je n'ai pas besoin d'un mari. Je préférerais encore adopter un chien. »

Un silence pesant s'abattit sur l'assemblée. Sa mère se laissa tomber contre le dossier du canapé comme si elle venait de recevoir une gifle. Ses sœurs gloussèrent nerveusement puis se turent. Son père ronchonna :

« Mais pourquoi fait-il si sombre ici ?… »

Ashutosh éclata de rire.

« Bien dit ! J'admire votre franchise. Pour tout vous dire, je ne suis pas marié non plus et je n'en ai pas envie. N'ayez crainte. Je suis très heureux de ma vie de vieux garçon. Je dois dire que ces *rasgulla* sont succulents, c'est vous qui les avez faits ? s'enquit-il en levant les yeux vers elle, une étincelle amusée dans le regard.

— Oui, c'est moi qui les ai faits, les *halva* aussi. »

Meera se sentait beaucoup mieux maintenant qu'elle s'était enfin débarrassée de ce poids sur ces épaules, elle avait l'impression de s'être libérée de ses chaînes. Pourquoi avait-elle attendu aussi longtemps pour le faire ? C'était tellement bon d'être libre.

Elle lança un regard vers sa mère, toujours affalée dans le canapé, en train de s'éventer avec son sari. Puis elle se dirigea vers la porte et ralluma quelques lampes. Son père adressa un grand sourire à tout le monde.

« Ah… enfin un peu de clarté ! Quelqu'un a dû appeler la centrale électrique et se plaindre de la baisse de régime », lança-t-il avant de quitter la pièce.

Un silence lourd régnait dans le salon de réception. Lorsque la mère de Meera commença à soupirer et à se plaindre de maux d'estomac, Ashutosh se leva.

« J'aimerais vous demander quelque chose, dit-il en suivant Meera hors du salon. J'ai essayé de faire pousser des roses pourpres, mais elles n'ont pas tenu. A quelle saison taillez-vous ces rosiers ?

Pourriez-vous me montrer à quel niveau vous coupez la tige pour faire les greffes ?… »

Meera descendit avec lui les quelques marches qui menaient au jardin. Le soleil s'était finalement couché, mais il faisait encore suffisamment clair pour voir les roses. Meera et Ashutosh échangeaient des sourires et des hochements de tête dans la faible lueur du début de soirée. Derrière elle, Meera entendit sa mère psalmodier :

« Donnez-le-nous… oh ma déesse… donnez-le-nous… »

LA LIBERTÉ À CINQUANTE ANS

Rano n'arrivait pas à croire que la vieille dame était morte. Elle avait déjà quatre-vingt-dix ans, le cœur fatigué, et tout le monde – y compris elle-même – ne cessait de répéter qu'elle n'allait pas tarder à mourir. Mais Rano ne parvenait toujours pas à s'y faire. Et pourtant, cela faisait des années que la vieille dame les préparait à sa mort :

« Mon pauvre cœur risque de lâcher d'un instant à l'autre, et vous serez tous bien malheureux le jour où ça arrivera. »

Rano entendait encore cette voix geignarde répéter inlassablement les mêmes mots et voyait le visage émacié et dur de la vieille dame flotter devant ses yeux.

Pendant plus de trente-cinq ans, Rano s'était réveillée tous les matins au son de ce cri strident, et les doigts crochus et osseux de Bibiji s'étaient agrippés à elle tous les soirs avant qu'elle ne s'endorme.

« Appuie plus fort, espèce de feignante, appuie plus fort ! » pestait-elle pendant qu'elle la massait.

Dans le quartier, Rano avait été rebaptisée la « martyre » et tout le monde se moquait d'elle.

« Pourquoi supportes-tu tous ces caprices et toutes ces jérémiades sans broncher ? » lui demandaient souvent les voisines, mais Rano préférait ne pas répondre.

Elle ne pouvait pas leur avouer qu'elle faisait tout ça par amour pour son mari et que, aussi cruelle et méchante que soit la vieille dame, elle n'en était pas moins sa belle-mère.

« Ma mère bien-aimée est une véritable sainte », chuchotait son mari tous les soirs avant de s'endormir.

Les bras encore douloureux d'avoir massé le cuir chevelu presque chauve et les pieds de la vieille dame, Rano se contentait de hocher la tête et de lui tourner le dos. C'était sa vie, celle que les dieux avaient choisie pour elle.

Mais aujourd'hui, la vieille dame n'était plus, et Rano se sentait incapable de voir plus loin. Elle avait mal aux bras et n'avait pas accompli la moindre corvée depuis la mort de sa belle-mère. Elle passait des heures à fixer la photo de la vieille dame sous laquelle avait été scellée une plaque en cuivre gravé annonçant qu'elle était Neeladevi, épouse de feu Madhavchand, inspecteur de police. Rajan avait fait mettre la photo dans un cadre métallique et l'avait accrochée juste à côté de la porte dans la salle des prières. Rano y suspendait une guirlande de soucis frais tous les matins, allumait un bâton d'encens et priait. Mais depuis une semaine, elle ne se livrait plus à ce petit rituel et les fleurs fanées pendaient lamentablement autour de la photo. Rajan s'en plaignit une ou deux fois ;

Rano fit mine de ne pas l'entendre. Ils avaient dispersé les cendres de la vieille dame dans les eaux du Gange et accompli tous les rites qu'elle avait consignés par écrit avant sa mort. Rajan et Rano avaient suivi à la lettre chacune des instructions rédigées dans le petit cahier d'écolier qu'elle leur avait confié dix ans plus tôt, au moment où elle avait décidé qu'elle allait bientôt mourir.

« J'ai le cœur tellement fragile. Je pourrais mourir n'importe quand, comme ça », disait-elle souvent en claquant des doigts, en général juste après sa sieste de l'après-midi.

Ils avaient même cuisiné les repas végétariens, sans céréales, sans piments et sans huile, qu'elle leur avait ordonné de manger pendant les vingt et un jours suivant sa mort. A chaque fois qu'elle remuait le gruau fade et incolore, Rano entendait la voix nasillarde de Bibiji résonner dans la cuisine :

« Remue, remue bien, espèce de paresseuse, sinon tout va brûler. Qu'est-ce qui ne va pas chez toi, ma fille ? Tu n'as donc que de la bouse de vache dans le crâne ? Tu es bien comme le reste de ta famille, ces abrutis sans cervelle… »

Aujourd'hui, c'était le vingt-deuxième jour, et Rano se rappela soudain que c'était aussi son cinquantième anniversaire.

Personne d'autre ne s'en était souvenu. Ni sa fille, qui était à l'université, ni son fils, qui était marié et vivait à Bombay. Rajan ne s'en souvenait jamais, et quand elle le lui rappelait, il prenait un air contrarié, comme s'il s'agissait de quelque chose qu'ils auraient mieux fait de tous oublier. Pour une raison étrange, la vieille dame était toujours la seule à s'en souvenir :

« Tu as un an de plus aujourd'hui. Tout le monde vieillit, ne l'oublie jamais. Ne crois pas que tu vas rester jeune toute ta vie. Ta peau va se flétrir, tes cheveux vont tomber, cette tresse qui pend dans ton dos ne sera bientôt plus qu'une vilaine queue de rat, assenait-elle en agitant ses doigts crochus. Allez, ne traîne pas, va me chercher mes dents, mais rince-les bien avant. »

Rano passait ses journées à cuisiner pour la vieille dame, à la nourrir, la laver, la peigner, la poudrer, la huiler, la masser. Malgré la présence de deux domestiques et d'un jeune garçon chargé des corvées, la vieille dame insistait pour que Rano s'occupe d'elle personnellement et cuisine tous ses repas.

« Ton père a dit que tu étais bonne cuisinière, mais de tout ce que tu m'as servi, je n'ai encore rien goûté qui soit correct », lui reprochait-elle souvent en finissant son assiette.

Rano se levait à l'aube et prenait rapidement son bain avant d'aller préparer le thé de sa belle-mère. Elle sortait ensuite ses vêtements, lui enduisait les cheveux d'huile, faisait couler son bain et l'attendait devant la porte de la salle de bains au cas où elle aurait besoin d'elle… ce qui ne manquait jamais de se produire :

« Va me chercher un autre savon, je n'aime pas celui là… l'eau n'est pas assez chaude… il y a une fourmi, là… viens me frotter les pieds, ma fille, ne reste pas plantée là comme une godiche. »

Quand la vieille dame sortait enfin de la salle de bains, Rano l'aidait à nouer son sari et s'assurait que les plis étaient bien en place. La plus petite erreur lui valait de grands coups sur la tête. Elle lui peignait ensuite les cheveux, lui faisait un chignon, et enfin elles s'agenouillaient toutes les deux pour prier. Elles passaient ainsi une heure à psalmodier à voix basse pour ne pas réveiller Rajan, après quoi Rano allait préparer le petit-déjeuner pour toute la famille.

Une fois Rajan parti au travail, Rano s'asseyait pour lire la *Gita* à sa belle-mère, puis lui massait les jambes jusqu'à ce qu'elle s'endorme. Pendant cette courte sieste, Rano faisait la lessive, le repassage, et préparait le déjeuner de la vieille dame. Les domestiques essayaient souvent de lui apporter leur aide, mais Rano refusait à chaque fois :

« Si jamais elle s'en aperçoit, nous en paierons tous les conséquences. »

Lorsqu'elle soupçonnait une quelconque bévue de la part de sa belle-fille, Bibiji levait le menton très haut et tortillait le nez à la manière d'un chien de chasse. Il suffisait d'un mauvais pli sur son corsage, d'un petit gravier dans son riz, d'une simple trace de poussière sur l'étagère pour qu'elle déclenche un véritable cataclysme dans toute la maison. Les voisins sortaient de chez eux pour voir ce qui se passait, les enfants regardaient, immobiles, pendant que Bibiji s'acharnait sur Rano, la couvrait d'insultes, la frappait et lui tirait les cheveux. Quand Rajan rentrait du bureau, il écoutait, stoïque, le résumé des négligences de son épouse, généralement suivi d'un sermon interminable. C'était devant un Rajan morose, des domestiques atterrés et une fillette lasse que la vieille dame déclinait, les yeux brillants, la liste des soi-disant méfaits de Rano. Ses fautes passées étaient mentionnées et commentées une par une, et de nouvelles ajoutées à chaque fois.

« Tu ne pourrais pas faire un effort ? Pour moi ? chuchotait plus tard Rajan dans l'obscurité de leur chambre à coucher. Elle est vieille et faible. Elle risque de mourir à tout moment, et nous serons bien tristes le jour où cela arrivera. Elle nous regardera depuis les cieux et il sera trop tard pour nous faire pardonner. »

Oui, en effet, elle était morte. Vingt ans plus tard. Et Rano n'arrivait toujours pas à y croire. Elle ne cessait de faire des allers-retours jusqu'à la chambre de sa belle-mère pour vérifier que le lit était bien fait. Elle ouvrait le coffre à vêtements de la vieille dame et repliait soigneusement chacune de ses tenues. Elle se réveillait en sursaut, en pleine nuit, prise de panique parce qu'elle n'avait pas préparé le petit-déjeuner de sa belle-mère ou fait chauffer l'eau du bain, puis se rappelait soudain que la vieille dame n'était plus. Elle les surveillait maintenant du haut des cieux.

Rano fut prise au dépourvu par cette liberté inattendue. Elle ressentait la même chose qu'un prisonnier qui regrette sa vie en cellule. Tous les matins, elle se réveillait à l'aube et prenait son bain, mais ne savait pas quoi faire du reste de sa journée.

« Ma, pourquoi tu te lèves si tôt ? grommelait sa fille. Détends-toi un peu. »

Rano n'avait pas plus de dix-sept ans la première fois qu'elle avait mis les pieds dans cette maison, elle n'était encore qu'une gamine insouciante, avec des rubans rouges noués dans sa chevelure. Bibiji les lui avait fait retirer immédiatement et lui avait attaché les cheveux en une natte bien serrée. Puis, jour après jour, elle avait vidé la jeune fille de son caractère, de sa personnalité, et avant même d'avoir atteint l'âge de dix-neuf ans, Rano s'était retrouvée complètement soumise à la vieille dame.

« Voyez comme ma belle-fille est docile. Jamais un mot plus haut que l'autre. Jamais une plainte, peu importe la quantité de travail que vous lui donnez. Vas-y, ma fille, récite donc la prière que je t'ai fait apprendre hier ! » s'exclamait-elle en exhibant Rano comme un singe savant.

A l'époque, Rajan travaillait à l'étranger. Il n'était rentré en Inde qu'au bout de trois ans. Ce laps de temps avait suffi à transformer Rano en une femme de vingt ans presque muette qui sursautait au moindre éclat de voix.

Rano regarda la photo de Bibiji et vit son propre visage se refléter dans le verre. Malgré ses cinquante ans, elle avait toujours l'air d'une jeune fille. Ses yeux lui renvoyèrent un regard aussi innocent que celui d'un enfant, et son corps svelte sembla s'extirper du reflet. Rano se caressa la joue. Une idée étrange venait de surgir dans sa tête. Elle resta immobile tandis que son reflet semblait prendre vie et bouger indépendamment de sa volonté. Il s'agissait de l'ancienne Rano, celle qui était restée piégée en elle parce que la vieille dame ne l'avait jamais laissée s'épanouir et éclore. Bâillonnée et les membres entravés pendant plus de trois décennies, la Rano de dix-sept ans venait tout juste de se libérer. Bibiji était morte, et Rano renaissait enfin.

Sans qu'elle ait rien demandé, sa vie venait de lui être enfin rendue. Rano se donna une claque sur chaque joue et éclata de rire. Son reflet riait aussi, encore plus fort qu'elle. Rire était donc si facile ? Rano prononça son nom à haute voix. Il résonna dans la pièce. Elle le répéta encore et encore, jusqu'à faire trembler le silence morne de la maison.

« Qu'est-ce que tu portes là, Ma ? l'interrogea Tara en levant le nez de son livre.

— Oh, c'est juste un ensemble que j'ai acheté l'autre jour.

— Mais il est rose ! A ton âge… tu ne crois pas que… ? se hasarda Rajan, les yeux levés vers elle.

— Et pourquoi pas ? Pourquoi pas du rose ? Qui a dit que je n'avais pas le droit de porter du rose à mon âge ? rétorqua Rano, le souffle court. Beaucoup de femmes de mon âge portent du rose, il y en a même qui portent des jeans. »

Elle n'avait jamais osé s'opposer ainsi à qui que ce soit, encore moins à son cher mari qu'elle aurait dû vénérer. Mais à partir de maintenant, elle allait mettre du rose, du rouge vif, des couleurs bien voyantes, et personne ne l'en empêcherait. Elle n'était pas veuve, après tout ! Elle n'irait pas jusqu'à porter des jeans, mais elle allait s'acheter des nouveaux vêtements, du maquillage, et faire tout ce qu'elle voulait. Elle était enfin libre. Demain, elle irait au cinéma avec sa voisine, et avant ça, elles déjeuneraient au restaurant. La domestique s'occuperait de préparer le dîner de Rajan, parce qu'elle-même risquait de rentrer tard. Rano annonça tout ça précipitamment avant de se glisser hors de la pièce, laissant derrière elle un Rajan et une Tara estomaqués, écrasés par un silence pesant. La photo de Bibiji vacilla et quelques pétales de soucis séchés tombèrent sur le sol.

Je n'arrive pas à y croire. Mais qu'est-ce qui se passe ? Ma douce Rano, aussi docile qu'une vache, mon épouse adorée… elle s'est transformée en sorcière. Ma Sati-Savitri… où est-elle donc passée ? Ce n'est plus la Rano que je connais, elle porte du rose, elle va au cinéma ! Heureusement, Bibiji n'est plus là pour voir ça. Elle aurait été horrifiée. Où est donc passée la belle-fille soumise, l'épouse besogneuse, la mère aimante ? C'est peut-être la ménopause. J'ai lu dans un de ces magazines féminins que Tara laisse traîner partout dans la maison que les femmes deviennent parfois étranges à la cinquantaine. Mais ma Rano… elle a été si bien dressée par ma mère bien-aimée. Je devrais peut-être l'emmener voir un médecin. Mais qu'est-ce que je vais bien pouvoir lui dire ? De quoi souffre-t-elle ? Je ne peux pas simplement dire : « Docteur, ma femme s'est subitement transformée en jeune fille, elle rit, se montre insolente, ses yeux pétillent et sa peau rayonne. Elle menace même de porter des jeans. Soignez-la, s'il vous plaît, sauvez-la d'elle-même... » Qu'est-ce qu'un médecin pourrait faire face à ça ? Oh, Ma, je t'en supplie, dis-moi quoi faire. Pourquoi Rano se comporte-t-elle comme ça ? Elle doit bien avoir plus de cinquante ans maintenant, puisque j'ai déjà soixante-trois ans. Elle devrait passer ses journées à prier au temple ou à cuisiner des plats simples et nourrissants pour sa famille, comme elle l'a toujours fait pour toi. Pas de piments, pas d'huile. Sa vie entière devrait être consacrée au bien-être de son mari, maintenant que son fils est parti vivre sa vie et que toi tu es morte. Nous avons encore une fille à marier. Et voilà que Rano se comporte comme une gamine écervelée.

Rano coiffa ses cheveux courts avec sa nouvelle brosse et mit ses longues boucles d'oreilles en argent. Elle les avait achetées la veille, après le déjeuner avec sa voisine Sumi. Sumi vivait dans la maison d'à côté depuis vingt ans, mais elles venaient tout juste de faire connaissance. (Bibiji ne l'autorisait jamais à parler à qui que ce soit hors de la maison.) La voisine l'avait emmenée dans une petite bijouterie, et Rano était tellement excitée qu'elle n'avait pas réussi à choisir. Elle avait donc laissé Sumi décider pour elle.

Rano avait envie de porter des boucles d'oreilles en argent depuis des années, mais Bibiji répétait tout le temps que les bijoux en argent étaient réservés aux domestiques, qu'ils n'étaient pas assez luxueux pour une famille de leur rang. Bibiji lui avait interdit tellement de choses. La nourriture épicée des vendeurs ambulants, la musique de films, les bracelets en verre, les cheveux courts, les magazines, le vernis à ongles, les chiens, parler aux inconnus, voyager seule, porter des saris de couleurs vives, rouges, roses ou orange. Bibiji n'autorisait que le jaune, le rose et le bleu pâles, et jamais de tuniques.

Rano adressa un sourire à son reflet dans le miroir. Qu'elle était jolie avec ses cheveux courts et ses boucles d'oreilles ! Les gens la prenaient souvent pour la sœur de Tara depuis qu'elle avait fait couper ses cheveux. Tara n'appréciait pas du tout, et Rajan encore moins. D'ailleurs, il ne lui adressait même plus la parole. Chez le coiffeur, Rano avait elle aussi ressenti un petit pincement au cœur lorsque ses longues boucles étaient tombées mollement sur le carrelage blanc. Par-dessus le brouhaha de voix et de musique qui résonnait dans le salon, elle avait cru entendre la voix exaspérée de Bibiji :

« Mais qu'est-ce que tu fais, idiote ? Seuls les hommes et les eunuques se font couper les cheveux comme ça ! Dans notre famille, aucune femme ne les a jamais eus aussi courts. Je vais te tordre le cou, espèce de traînée ! »

Le claquement des ciseaux du coiffeur n'avait pas suffi à couvrir la voix stridente de la vieille dame. Rano en avait eu mal à la tête.

Ma, elle a coupé ses cheveux. Ses magnifiques cheveux noirs. Tu lui as appris à les huiler et les tresser à la perfection, sans qu'aucune mèche s'échappe, et voilà qu'elle les coupe ! Elle ressemble à un garçon. Serait-ce pour me punir de quelque chose ? J'ai fait de mon mieux pour être le mari idéal, comme tu me l'as enseigné. Je lui ai acheté une chaîne en or à la naissance de notre fils, je lui ai même donné de l'argent pour qu'elle organise une cérémonie. Je vous ai tous emmenés à Badrinath pour le Darshan. Elle avait pourtant l'air contente de s'occuper de toi pendant que j'emmenais notre fils voir la neige.

Elle ne s'est jamais plainte, pas même quand tu as mis la domestique dehors et qu'elle a été obligée de s'occuper de tout le ménage. Tu m'as dit qu'elle adorait cuisiner, faire la lessive et repasser pour toi. « Elle sera bénie des dieux pour sa générosité », disais-tu. Je te demandais tout le temps si elle était heureuse, et tu me répondais à chaque fois : « Oui, mon fils. Elle est heureuse, puisqu'elle est ta femme. Elle te vénère. » Alors pourquoi s'est-elle coupé les cheveux ? J'aurais encore préféré qu'elle se rase la tête, comme ça j'aurais pu dire aux voisins qu'elle rentrait de Tirupati et tout le monde aurait trouvé ça formidable. Mais cette coupe de garçon ? Que vont dire les gens ? Je vais être la risée de tout le quartier ! J'ai bien vu que les voisins me montraient du doigt et se moquaient de moi. Tout ça, c'est parce que tu n'es plus là, Ma. Je n'ai aucun contrôle sur elle. D'abord le cinéma, puis le restaurant, puis la coupe de cheveux ! Dieu sait ce qu'elle va faire ensuite. Je l'ai entendue dire qu'elle voulait apprendre à conduire ! Je n'en peux plus. Laisse-moi te rejoindre, Ma. Il n'y a plus rien qui me retienne ici-bas.

Rano gara la voiture avec précaution et en sortit. Elle n'était pas encore très sûre d'elle au volant et préférait emmener Tara ou Sumi, mais à part ça elle n'aurait jamais pensé que conduire était si facile. Au début, leur chauffeur s'était montré très réticent. Il avait fallu qu'elle prétende vouloir s'inscrire dans une école de conduite pour qu'il lui laisse enfin le volant. Un mois plus tard, elle obtenait son permis de conduire… non sans un petit dessous-de-table, évidemment. Tara regardait maintenant sa mère avec un respect tout neuf.

« Bien joué, Ma. Je n'aurais jamais pensé que tu aies tout ça en toi », glissa-t-elle un jour à Rano.

Rano fut submergée par une soudaine envie de pleurer, au lieu de quoi elle serra sa fille dans ses bras et éclata de rire.

« Promets-moi que tu auras toujours un profond respect pour toi-même, ma fille. Peu importe ce que les gens te diront ou te feront, sois toujours honnête avec toi-même. Ne laisse pas la vie te prendre tout ce que tu as en toi, murmura-t-elle, la tête enfouie dans les cheveux de Tara.

— Pourquoi est-ce que tu me dis tout ça ? » marmonna Tara avant de se glisser hors de l'étreinte de sa mère.

Rano entra dans la maison. Rajan était assoupi devant la télévision, affalé sur le canapé du salon. Ses lunettes étaient tombées par terre. Elle les ramassa. Cela faisait un mois qu'ils ne s'étaient pas adressé la parole. Depuis la mort de sa mère, Rajan errait comme une âme en peine. Il s'emportait pour un rien, passait des heures les yeux dans le vague, sa mère lui manquait atrocement. Rano aimait toujours son époux, mais pas du même amour aveugle qu'auparavant. L'amour qu'elle lui portait aujourd'hui était plus posé, plus honnête. Elle aurait voulu l'aider à surmonter sa tristesse, mais quelque chose la retenait. Elle-même venait tout juste de retrouver sa liberté et flottait sur un petit nuage. En lui tendant la main, elle risquait de se faire emporter vers le fond avec lui et elle savait qu'elle n'aurait pas la force nécessaire pour remonter à la surface une seconde fois. C'était sa seule chance de se libérer. Elle allait l'aider, mais lentement, à son rythme. Rano venait tout juste d'apprendre à marcher et ne pouvait pas soutenir Rajan tant que son propre pas n'était pas vraiment sûr. Elle vit les profondes rides qui striaient le front de son mari endormi. Il ronflait faiblement. Même assoupi, il avait l'air en colère. C'était de sa faute. Elle aurait aimé pouvoir lui caresser le visage et effacer ce froncement de sourcils.

Bibiji avait l'air en colère elle aussi. Elle semblait vouloir sauter hors de la photo pour aller frapper sa belle-fille. Rano fut prise d'un fou rire irrépressible. Elle ne pouvait plus s'arrêter. Son rire puissant envahit la pièce et résonna jusque dans la rue. Les passants s'arrêtèrent pour écouter, mais Rajan ne se réveilla pas pour autant. Puis soudain, les yeux de Rano s'emplirent de larmes. Epuisée, elle se laissa tomber devant la photo de Bibiji et éclata en sanglots. Elle pleura jusqu'à ce que son cœur soit enfin vide de toute haine, de toute tristesse. Elle pleurait ses années perdues. Dix-sept… vingt-quatre… trente et un… quarante-cinq… cinquante… Bibiji l'avait privée de sa jeunesse. Aujourd'hui, à l'orée de ses cinquante ans, les yeux tournés vers la vieillesse, elle allait rattraper ses jeunes années. Il ne lui restait plus beaucoup de temps. Elle devait se dépêcher de retrouver la jeune Rano. Courir le plus vite possible… oui, mais pour aller où ? Il ne fallait surtout pas que cette liberté retrouvée lui fasse perdre la tête. A courir trop vite, elle risquait de tomber de la falaise et de s'écraser sur le sol.

De l'équilibre. Il lui fallait trouver un équilibre. Rano leva les bras au-dessus de sa tête et se mit à tourbillonner sur elle-même.

Non, non. Ne t'emballe pas, se dit-elle en se tordant les mains.

Elle allait rester là où elle était et s'en réjouir. Rester la Rano qu'elle avait toujours été. Elle s'était enfin réconciliée avec elle-même. Elle ne ferait plus les choses dans le seul but de satisfaire son mari ou contrarier sa belle-mère. Elle allait faire ce dont elle avait envie. Mais il lui fallait d'abord trouver de quoi elle avait envie. Pour commencer, elle allait se poser, se lancer dans une longue introspection, sortir une à une les idées embrouillées qu'elle avait enfouies dans un coin de sa tête pendant toutes ces années, et les analyser avec soin.

Rano examina son reflet dans le verre de la photo de Bibiji et le trouva vieilli, comme si quelqu'un avait effacé sa peau rayonnante et ses yeux pétillants d'un simple revers de la main pour les remplacer par un visage terne et fané. Mais ce visage exprimait aussi une certaine sagesse, avec ces rides d'expression tout autour des yeux. C'était là son vrai visage. Elle regarda ensuite la photo. Bibiji la fixait. Lentement, avec hésitation, Rano lui adressa un léger sourire.

« Vous et moi, nous nous connaissons bien maintenant. C'est vraiment dommage que vous soyez partie. Nous nous serions bien amusées à nous disputer, à chercher de nouvelles façons de nous taquiner l'une l'autre. Je ne suis plus la même aujourd'hui, je serais enfin capable de m'opposer à vous. Je suis votre égale désormais. C'est peut-être ce que vous auriez voulu finalement, que je vous affronte, que je sois forte. Nous pourrions avoir de belles disputes si vous étiez encore là, Bibiji », déclara Rano avant d'éclater de rire.

Elle contempla le portrait et s'aperçut que Bibiji lui rendait son sourire.

LA PHOBIE DE LA CINQUANTAINE

Malti serre les fesses dans l'espoir de retenir le pet qu'elle sent arriver et fait de son mieux pour l'empêcher de sortir. La jeune fille étale la cire chaude sur les cuisses de Malti en lâchant un soupir de lassitude. C'est une petite nouvelle, pas cette bonne vieille Rosy avec qui même les épilations du maillot se déroulent sans douleur. Sans parler des épilations des sourcils et de la moustache qui frôlent l'enchantement.

« Vous n'avez plus beaucoup de poils… C'est souvent ce qui arrive quand on vieillit, lance la jeune fille en lui agitant sous le nez la bande de tissu hérissée de quelques misérables petits poils.

— Oui, eh bien je préfère quand même m'épiler, sinon j'ai l'impression de ne pas être propre, répond Malti d'un ton qui se veut courtois. De toute façon, ça ne vous regarde pas, contentez-vous de faire ce qu'on vous demande, sans tirer trop fort. »

Malti remue ses orteils fraîchement manucurés. La jeune fille hausse les épaules d'un air maussade, comme le font tout le temps les filles de ce genre, avant d'étaler une nouvelle bande de cire sur la jambe de Malti.

Je vais me plaindre d'elle auprès de Rosy, se dit Malti en jetant un regard à son propre reflet dans le miroir, il faut que cette idiote apprenne les bonnes manières.

Leurs regards se croisent.

« Il va falloir refaire votre couleur, on voit déjà vos racines… Les poils de vos jambes poussent de plus en plus lentement, mais vos cheveux blanchissent de plus en plus vite », ajoute la jeune esthéticienne dans un sourire, les yeux brillants de malice.

Malti pianote du bout de ses doigts manucurés sur son téléphone portable pour appeler son chauffeur. Elle va rentrer chez elle, déjeuner d'une salade et d'un yaourt, et s'accorder une petite sieste. Un parfum fort de *samosa* tout juste frits s'échappe de l'échoppe qui jouxte le salon de beauté, et Malti sent sa bouche s'emplir du goût délicieux de cet encas chaud et épicé trempé dans du *chutney* à la menthe. Le goût de l'interdit. Elle avale sa salive et détourne les yeux.

Je devrais toujours avoir des bâtonnets de carotte et de concombre dans mon sac, se dit-elle pour tenter de repousser l'image des *samosa* luisants d'huile. Elle a lu quelque part qu'on pouvait perdre du poids en ne pensant qu'à de la nourriture basses calories, sans sucre et sans graisses. Il s'agit du régime du « Pouvoir de la Pensée ». Malti passe donc ses journées à penser à de la salade, du fromage allégé et des yaourts.

La maison est calme lorsque Malti rentre chez elle. La domestique à temps partiel est partie après avoir fait le ménage, laissant derrière elle un parfum de sapin et de savon. Le cuisinier somnole dans la cuisine. Il sait que la salade de sa patronne l'attend dans le réfrigérateur, bien enveloppée dans du film alimentaire.

« Vous avez besoin d'autre chose, *memsahib* ? » lui demande-t-il d'une voix paresseuse lorsqu'elle claque la porte du réfrigérateur.

Quel fainéant… Il passe ses journées à manger et dormir. A force d'engloutir toute la nourriture qu'elle refuse, il est devenu énorme. Le réfrigérateur est toujours bien rempli puisque Tutu réclame un repas complet tous les soirs, et c'est une véritable torture pour Malti que de tomber à chaque fois sur le beurre, le fromage crémeux, les chocolats et les currys bien gras empilés sur les clayettes. Elle est presque sûre qu'une fois un bol de glace au chocolat parsemée d'éclats de caramel lui a fait un clin d'œil, et elle a bien failli se jeter dessus. Heureusement, le « Pouvoir de la Pensée » l'a aidée à surmonter cette épreuve.

Elle va devoir acheter son propre réfrigérateur. Pourquoi n'y a-t-elle pas pensé avant ? Il lui faut un petit frigo dans lequel elle pourrait mettre son Coca light, ses concombres, son céleri, ses carottes et ses pousses de soja. Ses légumes cuits à la vapeur et son poulet bouilli resteraient bien frais et ne seraient pas contaminés par les effluves de ce curry gras et mauvais pour la santé dont se délecte Tutu. Leur parfum maléfique n'irait pas se mélanger à sa bonne nourriture propre et SAINE.

Malti a atteint la taille et le poids idéal (enfin, presque, parce qu'elle a les os un peu lourds), au prix d'efforts incommensurables. Il est hors de question qu'elle prenne un seul gramme. Depuis sa ménopause, elle doit faire particulièrement attention pour éviter que la graisse ne s'accumule sur ses hanches, sa taille et son ventre. C'est tellement difficile de rester mince, surtout avec toutes ces tentations tapies dans chaque recoin de la maison. Sa fille Tanya et son mari Tutu se moquent complètement de prendre du poids. Ils mangent comme des porcs et ne parlent que de nourriture. Tanya n'a que vingt-cinq ans mais en paraît déjà trente avec ses traits épaissis et ses hanches larges. En revanche, le visage de Malti est aussi frais que celui d'une jeune fille et quand elles sortent ensemble, les gens les prennent souvent pour des sœurs. Malti feint à chaque fois la surprise, mais en réalité elle adore ça. Quant à Tanya, ça la rend encore plus maussade que d'habitude.

« Tu ne pourrais pas t'habiller comme les autres mères ? Comme les femmes de ton âge ? » lui a un jour reproché sa fille, les sourcils froncés.

Malti portait un jean moulant et un débardeur qu'elle venait d'acheter chez GAP. Lâche au niveau des épaules, il laissait voir les bretelles de son soutien-gorge, et la vendeuse lui avait dit qu'il lui allait très bien, même s'il s'agissait de leur nouvelle collection pour adolescents.

« Et pourquoi donc, ma chérie ? lui a-t-elle répondu. Pourquoi devrais-je m'habiller comme une vieille dame alors que ce jean me va si bien ? »

Son nouveau régime fonctionne à merveille, elle a maintenant les hanches aussi étroites que celles d'un garçon. Mais son cou commence à la préoccuper. Cette perte de poids a rendu sa peau flasque, et elle est parfois surprise de voir à quel point elle pend sous son menton. Il est peut-être temps de passer sur le billard. Un petit lifting de rien du tout et quelques injections de botox suffiraient amplement. Le reste de son corps est parfait. Plus que parfait. Lorsqu'elle entre dans une pièce, elle voit tous les jeunes hommes se retourner sur elle, et leurs épouses la dévorer des yeux, rongées par la jalousie. C'est tellement grisant. Non qu'elle rêve d'avoir une aventure avec un de ces jeunes hommes, bien au contraire – ces amourettes ont le don de vous faire vieillir avant l'âge –, mais elle veut que les gens la regardent, les yeux débordant d'admiration, jusqu'à la fin de sa vie.

Tanya n'a qu'à continuer à ronchonner et bouder dans son coin. Pourquoi Malti devrait-elle s'habiller comme les autres femmes de son âge ? Elle est mince, svelte, sans la moindre ride au coin des yeux. Sous une lumière un peu tamisée, on ne lui donnerait pas plus de trente-cinq ans. Il arrive qu'elle ait les yeux un peu gonflés le matin et la peau du menton qui pendouille, mais après s'être massé le visage avec son nouveau sérum régénérant au caviar et au placenta (acheté à un prix exorbitant mais qui s'est révélé d'une efficacité redoutable), et s'être appliqué un masque à l'oxygène, elle se sent prête à affronter le monde. Personne ne pourrait croire qu'elle va avoir cinquante ans dans trois jours. Elle-même a du mal à le réaliser. Elle en est venue à penser que sa mère, d'une étourderie légendaire, s'est trompée sur son année de naissance. Oui, ce doit être ça.

Tutu, quant à lui, fait bien son âge, et il en est tellement ravi que c'en est irritant.

« Je suis dans la force de l'âge et j'adore ça », déclare-t-il en se tapotant la panse chaque fois qu'elle lui reproche d'avoir pris du poids.

Heureusement qu'il a encore tous ses cheveux et ne fait pas plus que son âge. Mais les gens le prennent quand même souvent pour son père. Tutu s'en moque. Il éclate de rire lorsque cela se produit, et Malti, transportée de joie, prend un air surpris et baisse humblement les yeux pour dissimuler son plaisir.

Ses propres cheveux sont beaucoup plus fins qu'avant, mais elle s'est fait poser des extensions lors d'un voyage à Londres, pour retrouver de belles boucles épaisses. Elle les colore avec soin, en mélangeant trois nuances différentes pour qu'ils ne soient pas noir corbeau comme ceux de toutes les autres femmes de son âge. L'autre jour, au club de quartier, un jeune homme qui devait avoir la trentaine lui a fait des avances. Malti l'a immédiatement éconduit, mais a trouvé ça particulièrement drôle, surtout qu'il s'agissait d'un ami de Tanya. Tout le monde a ri lorsqu'elle a raconté l'anecdote au dîner le soir même.

« Quand on ressemble à une jeune fille, il faut apprendre à repousser les jeunes hommes », lui a dit Tutu en souriant.

Tanya a fixé sa mère d'un regard noir. Malti aurait aimé que sa fille fasse un peu plus d'efforts pour s'embellir. Qu'elle sourie plus, qu'elle flirte un peu avec les garçons. Malheureusement, Tanya tient du côté de son père, elle est dodue et mate de peau.

Malti est belle et en a toujours eu conscience. Tout le monde l'a toujours complimentée sur son physique. La famille, les domestiques et même des inconnus qui arrêtaient sa mère dans la rue pour la mettre en garde :

« Votre fille est très belle, je vous souhaite que le mauvais œil ne s'abatte jamais sur elle. »

Sa mère lui faisait parfois porter des vieilles frusques pour qu'on la remarque moins.

« Des gens pourraient la kidnapper, s'inquiétait-elle.

— N'importe quoi ! Tu risques plutôt de l'oublier quelque part », se moquait son père.

Il était le seul à ne lui avoir jamais adressé le moindre compliment et il lui reprochait constamment de passer trop de temps à s'admirer dans le miroir.

Malti a fait un très bon mariage. Tutu est le fils unique d'une des plus riches familles de Delhi. C'est une fortune très ancienne, cette famille possède des propriétés et des fermes en parfait état, et est, d'une manière ou d'une autre, liée à toutes les personnes influentes du pays. Les hommes y sont réputés pour être particulièrement laids et en ont fait une fierté familiale.

« Mon arrière-grand-père était tellement laid qu'il faisait peur à nos chevaux », se vantait parfois Tutu.

Malti s'est mariée à vingt et un ans, et s'est installée dans cette magnifique demeure. Les dix chambres étaient vides, sauf celle où vivait sa belle-mère, alitée en permanence. Cette femme avait été très belle dans sa jeunesse et elle passait maintenant ses journées étendue là, blanche comme un linge, les yeux fixés sur le plafond, à énumérer à voix basse les noms de toutes les personnes qu'elle a connues dans sa vie.

Malti lui rend visite tous les matins, pendant une demi-heure, avant de s'adonner à ses exercices. Tutu passe la majeure partie de son temps en voyages d'affaires, ce qui fait que Malti a pu s'organiser un emploi du temps bien à elle, qu'elle ne modifie jamais d'un iota, même les rares fois où son mari est là.

« Tu es complètement obsédée par cette histoire d'exercices physiques », lui reproche-t-il souvent, avachi dans son lit à regarder à la télévision un de ces matchs de cricket ou de football qui n'en finissent pas.

Malti préfère ignorer les critiques de Tutu. Tous les matins, entre cinq heures trente et six heures trente, elle va marcher d'un pas vif, puis revient à la maison pour prendre son bain avant d'enchaîner avec une heure de yoga en compagnie de son *guruji*. Après quoi elle rend visite à sa belle-mère et en profite pour boire un verre d'eau chaude agrémentée de jus de citron – mais sans sucre –, assise au chevet de la vieille dame. Pour le petit-déjeuner, elle mange des pousses de soja et un bol de yaourt pendant que Tutu et Tanya se gavent d'œufs au plat et de tartines ou de *paratha*. Une fois son mari et sa fille partis, elle se rend à la salle de gym pour faire une heure d'exercices. Un jour sur deux, elle soulève des poids pour raffermir ses biceps, ses abdominaux et ses cuisses. Elle rentre ensuite chez elle, prend une douche rapide et va faire un peu de shopping, quand elle n'a pas rendez-vous au salon de beauté pour une retouche sur sa coiffure ou une épilation.

Malti déjeune parfois avec ses amies, mais préfère toujours manger avant de les rejoindre, pour pouvoir ne prendre qu'une petite salade une fois sur place. Ses amies se moquent d'elle, mais Malti voit bien dans leurs yeux qu'elles envient toutes son corps svelte, presque androgyne. Toutefois, les déjeuners à l'extérieur restent exceptionnels puisque Malti n'aime pas prendre le soleil. Elle prend garde à ne jamais bronzer, de peur d'attraper des taches de pigmentation. Elle s'est donc fait faire d'immenses capelines. Ce qu'elle craint plus que tout, ce sont les taches de vieillesse. C'est pourquoi elle porte aussi des gants en coton blanc chaque fois qu'elle doit sortir en plein soleil.

« Je n'ai pas la moindre tache, regarde ! lui a dit un jour sa mère en lui montrant sa peau claire et dorée. Et pourtant, je n'ai jamais porté de chapeau ou de gants. Je n'ai pas envie de ressembler à la reine d'Angleterre ! » s'est-elle exclamée avant d'éclater de rire.

Tutu a ri lui aussi, et par la suite, il s'est mis à l'appeler « Votre Majesté » les jours où il la voyait sortir avec sa capeline et ses gants.

Malti se moque bien de ce que disent les gens. Il est hors de question qu'elle se laisse aller. Elle fera tout ce qui est en son pouvoir pour rester aussi jeune que possible. La vieillesse est une malédiction, et elle luttera bec et ongles pour ne pas la laisser s'abattre sur elle, songe-t-elle, allongée, un masque posé sur le visage, de la musique relaxante dans les oreilles. Elle a allumé une de ses bougies parfumées à l'ylang-ylang pour purifier l'air et repousser les énergies négatives. Il y a quelques jours, elle a lu dans un magazine que la méditation entretenait la jeunesse du corps et a donc décidé de s'y mettre, mais ce n'est pas si simple. Toutes sortes d'idées noires se bousculent dans sa tête dès qu'elle ferme les yeux ; il y a aussi l'image d'une assiette de *jalebi* scintillant comme une centaine d'yeux maléfiques. Le visage de son père, mort cinq ans plus tôt, apparaît ensuite derrière ses paupières, il lui sourit et hoche la tête en signe d'approbation, chose qu'il n'a jamais faite de son vivant.

L'après-midi, Malti regarde la télévision en compagnie de sa belle-mère, en prenant bien soin de fermer les yeux à intervalles réguliers pour éviter d'avoir des rides. Puis sa masseuse vient la voir, et le soir arrive vite. Malti mange à dix-neuf heures pile, suivant les conseils de sa diététicienne qui lui a interdit les graisses après dix-neuf heures. Elle se tartine ensuite le visage de crème et se couche à vingt et une heures après avoir lu quelques pages d'un roman drôle et léger.

A de rares occasions, quand Tutu n'est pas en voyage, ils regardent un film en DVD.

« Pourquoi est-ce que tu regardes la télé, si c'est pour fermer les yeux toutes les cinq minutes ? » s'est un jour moqué son mari.

Tanya ricanait elle aussi.

« Maman, pourquoi as-tu si peur d'avoir des rides au coin des yeux ? Tout le monde en a, tu sais. Il va bien falloir accepter de vieillir si tu veux vivre. Tu aurais aussi pu mourir à vingt-deux ans », a-t-elle ajouté en plissant les yeux et faisant une grimace.

Tutu se tordait de rire.

« Ah, ma chère épouse, ma jeune et belle femme au visage bien lisse. Tu es aussi bien conservée qu'une belle prune au sirop, a-t-il fredonné. Pas une seule ride, non, pas une seule… »

Ça n'a rien de drôle. La vieillesse n'est pas un sujet de plaisanterie. C'est une chose terrifiante, et Malti ne parvient pas à s'y résoudre. Elle préfère encore mourir que de devenir une de ces grosses et vieilles dames au visage bouffi et aux cheveux blancs. Personne ne regarde les vieilles dames, elles font partie du mobilier. En vieillissant, les femmes deviennent invisibles. Les hommes s'en sortent beaucoup mieux. Ils se pavanent au bras de jeunes et jolies demoiselles.

Il y a bien quelques femmes qui, comme sa mère, sont satisfaites de leur sort et aiment leur corps défraîchi et leur visage ridé.

« Les dieux nous ont fait don d'années supplémentaires, nous devons leur en être reconnaissantes. Ils nous rappelleront auprès d'eux un jour, alors en attendant, autant profiter des bonheurs que nous offre la vie », répète-t-elle chaque matin en se levant.

Mais Malti ne conçoit pas qu'on puisse profiter de la vie quand, chaque jour, le miroir vous renvoie l'image d'un visage flasque et flétri. Il est absolument hors de question qu'elle devienne l'une de ces femmes, se jure Malti en faisant ses exercices de raffermissement du menton. Il faut compter à rebours en partant de cinquante et souffler en gonflant les joues. Elle pourrait peut-être prendre rendez-vous chez le chirurgien esthétique dès maintenant, il ne faut pas laisser sa peau s'affaisser. Chaque jour compte pour ce genre de choses. Son corps s'est mis à comploter contre elle, il vieillit un peu plus à chaque seconde. Elle se tapote gentiment le visage, comme pour réconforter un enfant blessé.

« Nous devrions organiser une fête pour les cinquante ans de Malti », lance Tutu.

Tanya bat joyeusement des mains :

« Oh oui ! Oh oui ! Avec de grandes banderoles et de la musique des années cinquante ! »

Malti lève les yeux de sa grille de Sudoku – elle en fait une par jour depuis qu'elle a lu dans un magazine que c'était un excellent exercice pour conserver la jeunesse du cerveau. Elle a également prévu d'apprendre à jouer au bridge sur l'ordinateur et fait régulièrement des mots croisés pour parer aux éventuelles pertes de mémoire. Tout ça sans jamais froncer les sourcils, même quand les énoncés sont un peu obscurs.

« Jamais de la vie ! Je n'ai aucune envie de crier sur les toits que j'ai cinquante ans ! Est-ce que j'ai l'air d'avoir cinquante ans ? » s'emporte-t-elle, rouge de colère.

Sa fille et son mari la fixent, les yeux écarquillés.

« Alors ? » s'exclame-t-elle.

Ils ne l'ont jamais vue aussi énervée. Malti ne perd que très rarement son sang-froid et ne pleure jamais parce qu'elle a lu dans un magazine que les émotions fortes envoient des toxines partout dans le corps. Mais parfois, elle ne parvient pas à se contenir. La colère s'engouffre en elle et il lui devient impossible de la repousser. Même le « Pouvoir de la Pensée » est inefficace dans ces cas-là.

« Est-ce que j'ai l'air d'avoir cinquante ans ? » leur demande-t-elle une nouvelle fois d'un ton un peu plus calme, mais dans lequel résonne toujours une pointe de colère.

Tanya et Tutu secouent nerveusement la tête.

« Pas du tout, ma chérie. Mais je pensais que tu aimerais faire une fête. Cinquante ans, ce n'est pas rien. Un demi-siècle. C'est un anniversaire important, tu sais », marmonne son mari en se frottant la panse.

Malti le regarde dans les yeux et croit y discerner une étincelle de malveillance, chose qu'elle n'avait jamais remarquée auparavant. Tutu l'aime, il aime sa silhouette gracile, son visage dénué de rides et ses fesses bien fermes. Subitement, Malti est prise de panique. Elle a toujours été convaincue que son mari était fier d'elle, qu'il disait à ses amis : « Mon épouse ne vieillit pas, elle est aussi belle qu'au premier jour. » Mais elle vient de se rendre compte qu'il déteste cette jeunesse qu'elle lutte pour conserver. Il est jaloux, comme tous les autres. Il ne veut pas que sa femme ait l'air jeune. Contrairement à ce qu'elle pensait, il n'est en rien cet admirateur béat, heureux d'avoir l'air beaucoup plus vieux.

Malti regarde son mari avachi dans le canapé et s'aperçoit qu'il commence à perdre ses cheveux. Sa fille la considère en silence, un vague sourire sur le visage. Ils la détestent. Tous les deux. Ils veulent qu'elle vieillisse. Qu'elle entre dans les rangs de l'armée des vieilles dames, qu'elle devienne aussi insignifiante qu'un meuble, que les gens passent à côté d'elle sans la voir. Ils veulent qu'elle vieillisse pour ne plus avoir à se tenir dans son ombre pendant qu'elle jouit de la gloire qu'apporte la jeunesse. Les deux personnes qui lui sont les plus proches sont en réalité ses pires ennemis.

Malti se lève et sort de la pièce. Il est l'heure de sa séance de yoga, mais elle préfère aller s'allonger dans sa chambre. Et elle n'a pas du tout envie de mettre son masque antirides sur ses yeux.

Les cartons d'invitation sont envoyés dès le lendemain. Malti ne les a pas vus mais sait parfaitement ce qui est écrit dessus :

Mon épouse va enfin avoir cinquante ans. Venez vous joindre à nous pour fêter ce grand événement.

Cinquante. Quel chiffre monstrueux ! La fin de la jeunesse, le début de la vieillesse, synonyme de maux divers, de ménopause, d'hystérectomie, de mal de dos et… pire que tout, de rides.

Le matin de son cinquantième anniversaire, dès son réveil, Malti se lève et regarde par la fenêtre de sa chambre. C'est une belle matinée d'hiver, le soleil darde ses rayons dorés à travers la vitre. Pourtant, elle voudrait refermer les yeux et se rendormir. Une étrange apathie s'est emparée d'elle. A quoi bon aller marcher, faire de l'exercice physique ou des *asana* de yoga douloureux… de toute façon, elle sera bientôt morte.

Une femme de cinquante ans retrouvée morte dans sa chambre, voit-elle déjà imprimé en petites lettres noires dans le journal.

« C'est tellement triste. Elle ne faisait même pas ses cinquante ans », diront les gens.

Ça lui est bien égal, ce qu'ils diront. Sa vie est terminée. Elle a le visage bouffi et sent ses mains se mettre à trembler. Son corps est-il en train de se révolter ? Qu'il pourrisse. Elle n'en a cure. Son mari et sa fille la détestent. Ses amies sont jalouses d'elle. Est-ce que ça en vaut vraiment la peine ? Tout ça pour un corps et un visage qui respirent la jeunesse ? Tous ces efforts sur le tapis de course, à se démener comme un hamster dans sa roue, encore et encore ?

Malti s'allonge sur son lit et admire les arbres dehors. Le cotonnier est en fleur et un minuscule oiseau vert à tête rouge, posé sur une branche, la fixe. Malti va se mettre à la fenêtre et respire à pleins poumons. Un puissant parfum de roses monte du jardin. Elle sort la tête et voit que la véranda est remplie de bouquets de fleurs. Tutu et Tanya se débattent avec une banderole sur laquelle on peut lire : *cinquante ans, presque vingt* !

Tanya rit.

« Chut, elle va nous entendre. Laisse-la dormir », chuchote Tutu.

Malti reste un moment à les regarder et sent soudain son cœur, si lourd de tristesse à peine une seconde plus tôt, faire un bond. Son corps tout entier est traversé par une sensation bizarre, comme une sorte d'engourdissement, cette même sensation que l'on ressent après avoir mangé quelque chose de délicieux et de très calorique. Malti se sait sur le point de pleurer. Elle ne s'est jamais laissée aller à ce genre d'effusions pour ne pas risquer d'abîmer la peau sous ses yeux, mais à cet instant elle ne peut se retenir. Au cours des dernières vingt-quatre heures, elle a vécu tout un tas d'émotions inhabituelles. C'est comme si tous ces sentiments qu'elle a enfermés en elle pendant des années, le rire, la tristesse, la colère, les larmes et la joie, avaient subitement gonflé et jaillissaient maintenant sans qu'elle puisse les contrôler. Elle essaye sans grande conviction de retenir ses larmes, mais elles lui dégoulinent déjà sur le visage. Elle va sans doute avoir la peau toute fripée et les yeux rouges et bouffis. A la réception, les gens vont la regarder avec horreur et s'exclamer :

« Elle a vieilli du jour au lendemain ! »

Peu lui importe désormais. Elle a cinquante ans. Tutu et Tanya ne l'aiment pas parce qu'elle est bien conservée ou qu'elle a toujours un corps de jeune fille, ils l'aiment parce qu'elle est Malti. Son air jeune ne leur inspire pas de haine, mais ce n'est pas non plus ce pour quoi ils l'aiment.

Malti est la femme de Tutu et la mère de Tanya. Elle représente tout pour eux et ne s'en était jamais aperçue auparavant. Elle a tellement lutté pour tenir la distance dans cette course contre le temps qu'elle en a oublié qui ils étaient et ce qu'ils représentaient pour elle. Ce n'est pourtant pas si compliqué de jeter un œil autour de soi et de voir les gens qui vous entourent. Pourquoi ne l'a-t-elle pas compris plus tôt ?

Malti se débarbouille rapidement le visage et enfile son kimono. Oublié, le rituel de gommage à la peau de papaye et à l'huile d'amande douce. Elle dévale les escaliers. Aujourd'hui, elle va s'autoriser à manger, rire, vieillir un peu. Après tout, ce n'est pas bien grave de vieillir un peu le jour de son anniversaire. Mais juste un peu, comme une offrande aux dieux pour repousser le mauvais œil. Et demain… demain elle reprendra sa lutte acharnée contre le temps. Elle sera la plus jeune des femmes de soixante ans qu'on ait jamais vue.

GLOSSAIRE

ardhangini : terme qui signifie compagnon, âme sœur.
asana : posture de yoga.
Babyji : terme employé pour s'adresser à une jeune femme.
Badrinath : ville sainte pour les hindous, lieu de pèlerinage.
barfi : gâteau de semoule.
bhujia : préparation culinaire à base d'oignons frits.
Bibiji : Grand-mère.
bindi : décoration portée sur le front.
chapatti : pain plat indien.
chutney : condiment généralement composé de légumes cuits dans du vinaigre et du sucre.
dahi bhalla : plat à base de haricots secs et de yaourt.
dal : plat de légumes secs, généralement des lentilles.
Darshan : cérémonie au cours de laquelle les fidèles étreignent une personne sainte.
dhobi : employé de la caste des lavandiers.
Diwali : fête des lumières dans la religion hindoue, célébrée entre octobre et novembre.
dupatta : foulard.
gajar ka halwa : compote de carottes, dessert.
Gita : texte sacré dans la religion hindoue.
guruji : gourou, formateur de yoga.
halva : gâteau de semoule sucré.
Holi : fête de l'équinoxe de printemps, appelée aussi fête des couleurs, célébrée lors de la pleine lune entre le mois de février et le mois de mars.

jalebi : sorte de beignet en forme de bretzel, recouvert de caramel.
Krishna : divinité hindoue.
kulfi : glace traditionnelle à base de lait.
kurta : tunique.
Lodi (dynastie des) : dynastie afghane qui a régné sur le sultanat de Delhi de 1451 à 1526.
Ma Durga : déesse de la guerre, symbole du bien qui l'emporte sur le mal.
Ma Sati-Savitri : figure féminine épique, elle incarne le dévouement conjugal et le sacrifice.
Masi : terme affectueux, Tante.
mem : diminutif de *memsahib*.
memsahib : madame.
paan : feuilles de bétel fourrées de noix et d'épices.
pakora : beignet de légumes.
paneer : fromage frais.
paratha : pain non levé, qui peut être frit.
Pitaji : Père.
Raj : nom donné par les Indiens à la période de domination britannique en Inde.
Rakhi : fête indienne qui célèbre les liens entre frères et sœurs, célébrée lors de la pleine lune entre le mois de juillet et le mois d'août.
rasgulla : dessert traditionnel composé de boules de fromage frais ou de lait caillé recouvertes d'un sirop sucré.
Renuka : déesse des déchus.
sadhu : ascète, homme saint.
salwar kameez : ensemble composé d'un pantalon et d'une tunique.
samosa : feuilleté triangulaire garni de farce.
sari palla : ensemble composé d'un sari et d'un voile.
shatabdi : équivalent du TGV.
Simla : ville de montagne, capitale d'été de l'Inde britannique.
tava : sorte de poêle concave, profonde.
thali : plateau individuel en métal, rond.

thoda : terme hindi qui signifie « un peu ».
Tirupati : lieu de pèlerinage où les pèlerins font don de leurs cheveux à la divinité Balaji.

Achevé d'imprimer
en mai 2011
sur les presses
de l'imprimerie
Novoprint - Espagne

Dépôt légal : mai 2011